爱如潮水

一名基层教育者的心灵笔记

●王瑞忠 著

U0643250

山东城市出版传媒集团·济南出版社

图书在版编目（CIP）数据

爱如潮水：一名基层教育者的心灵笔记/王瑞忠著 . — 济南：
济南出版社，2023.9
　ISBN 978-7-5488-5898-0

Ⅰ.①爱… Ⅱ.①王… Ⅲ.①教育—文集 Ⅳ.①G4-53

中国国家版本馆 CIP 数据核字（2023）第 182235 号

爱如潮水：一名基层教育者的心灵笔记

AIRUCHAOSHUI:YIMING JICENG JIAOYUZHE DE XINLING BIJI

王瑞忠 / 著

出 版 人　田俊林
责任编辑　韩宝娟　郑红丽
装帧设计　刘　畅

出版发行　济南出版社
地　　址　济南市市中区二环南路 1 号（250002）
总 编 室　（0531）86131715
印　　刷　山东天马旅游印务有限公司
版　　次　2023 年 10 月第 1 版
印　　次　2023 年 10 月第 1 次印刷
成品尺寸　170mm×240mm　16 开
印　　张　17.5
字　　数　249 千
定　　价　68.00 元

（如有印装质量问题，请与出版社出版部联系调换，联系电话：0531-86131716）

序

王瑞忠校长是中国无数农村基层中小学校长中的一员，普通但不平凡。

说他不平凡，是因为他在繁忙的工作之余，坚持每天写作，实属难能可贵！他写诗歌、随笔、感想、心得……他的作品彰显出一位基层教育工作者对生活、对教育、对教师、对学生真挚的热爱！我想，这种热爱就是我们所说的"教育情怀"。

德国哲学家雅思贝尔斯说："教育就是一棵树摇动另一棵树，一朵云推动另一朵云，一个灵魂唤醒另一个灵魂。"作为一名农村基层中小学校的校长，只有坚守是不够的，必须有对生活、对教育、对师生发自内心的热爱，才能影响学校师生热爱生活、热爱工作、热爱学习、热爱人生；才能以人为本，引领一所学校办出有温度、有情怀的教育，让师生在有思想、有情趣、有担当、有文化的氛围中，愉快地工作和学习，并不断获得幸福、获得成长。

一位基层中小学校长应该是主动阅读、博览群书的引领者。王瑞忠校长就是这样一位教育工作者,他对史学经典、文学艺术、教育管理、名人传记均有涉猎。一个人能够主动有趣味地阅读已属十分难得,更为难得的是王校长逢读必思、逢思必写,思想敏锐,联系实际,古为今用,洋为中用,起到了很好的示范引领作用。我想,正是因为他不断地在阅读中思考,在思考中写作,才会在工作中才思敏捷,处事不惊,出口成章,下笔如神。正是阅读和写作给予了他在工作和生活中解决问题的思路和教育灵感,这应该是阅读的最高境界,应该成为所有优秀中小学校长的共同特质。

一位基层中小学校长应该是教育教学改革的学习者和实践者。校长是一所学校的灵魂,校长的思想境界直接决定了学校办学的高度。因此,各地的教育行政部门非常重视校长的培训、考察和学习,以开阔校长的眼界和视野,提升办学的质量和高度。校长在学习考察中,需要看、听、问,更需要思、写、行。王瑞忠校长就是这样一位校长,每一次学习考察,他都会思考记录下自己的学习体会和心得,并结合自己学校的实际情况,进行迁移和落实。本书第一辑中有作者到陕西师大、华南师大、南京师大等地学习的感受,更有他对学校管理、教育教学、家校协同、学校建设等方面,在亲历实践后的真知灼见。我想,这就是一位基层校长真实的精神成长历程,是一位基层中小学校长在经过几十年的风雨磨砺后,形成的独特教育思想。在这种先进教育思想的引领下,他所带领的学校必将枝繁叶茂、人才辈出,不仅学生可以接受良好的教育,德智体美劳得到全面发展,教师也必然能够幸福地工作,并得到专业上的成长。

看到书中的第五辑"思若泉水",我马上意识到这应该是王瑞忠校长每天写给老师们的激励话语,其内容丰富,充满温情,饱含哲理,启迪人生,蕴含智慧,激励行动。实际上,就像孩子们需要激励一样,成年人也是需要激励的,受到坚持不懈的激励,老师们每天的工作会充满激情,永不懈怠!老师们的教育教学理念自然会追随和融入校长的教育思想，一个学校的教师团队，做到了思想统一，团队的执行力便大大加强，便能够步伐一致，没有干不好的事情。

如果每一位基层校长都能够像王校长这样，每天给老师们写"美天心语"，老师们的生活一定会充满激情和乐趣，工作一定会伴随着幸福和快乐！

"人生如棋，心若止水"。作为基层校长，一般都人到中年，家庭与工作、上级与下级、学校与社会、教师和家长等等，错综复杂的生活和工作，都需要校长去妥善地协调和处理。人生是一场修行，如果达不到心如止水的境界，很难处理好这些问题。

本书第二辑"心若止水"篇，写的都是实在与吃亏、小事情与大问题、对联中的幸福等小之又小的生活琐事。校长也是普通人，也经历春夏秋冬、世间冷暖、喜怒哀乐，为人子、为人夫、为人父，也有烦恼、有忧愁、有压力、有困惑。但小事情反映大格局，人生是一场修行，面对这些生活和工作的琐事，作为基层校长，只有做到"心若止水"，才能处事不惊，看淡花开花落，将工作与生活处理得有条不紊、井井有条。

愿每一位基层校长都能像王瑞忠校长一样，修炼到心若止水，处事不惊。这样，我们的基层教育也就有了定海神针，我们就能办好老百姓家门口的每一所学校，让每一个孩子享受均衡而优质的教育，也就成为现实！

反复拜读此书稿，有种爱不释手的感觉，自然写下以上文字。

是以为序。

李银乐
2023 年 5 月 2 日
于北京海淀

目录

第一辑
行如流水

我们一起走过春花，走过秋月，走过夏雨，走过冬雪，这些痕迹终将刻印在我们的生命里，变成美丽的诗行。春有山花伴，夏有雨凉风，秋月当空照，冬雪带春风。我们牵手在教育的大道上，行如流水，时而缓，时而急，时而波涛汹涌，时而浪花飞溅。其中，有困惑，有苦恼，有机遇，有挑战，有收获，有幸福。行者无疆，大爱无痕。

以人为本，做真教育

提起教育教学，不必宏论不断，奇意迭出，妙语连珠，要的是以人为本，实实在在，做真教育。"教育无小事，事事皆教育"，如何提高教育教学质量，下面从三个方面谈一下自己的感受。

一 着力打造一支学习型、反思型、展示型、研究型、感悟型的教师团队

成就教师是校长的主要职责之一。那么，如何成就教师？我认为至少要从以下五个方面加以引领。

一是引领教师走上读书、学习的道路。作为一名教师，要以书为伴，以书为友，不断地学习，提升自己的涵养，陶冶自己的情操，提高自己的理论水平，做一名学习型教师。

二是引领教师写。写什么？写教育随笔，写教学反思，写教育叙事。记得一位教育家说过，人人不可能都成为作家，但人人都可以成为写家。通过写作，经常反思自己，反思教学，做一名反思型教师。

三是引领教师要善于表现自己，展示自己。校长要给教师充分展示的舞台和平台，公开课、示范课、观摩课、演讲、论坛、才艺展示等，让他们的个性得到发挥，精彩得到展现，做一名展示型教师。

四是引领教师学会研究，享受研究的幸福。研究教育教学中的小问题、真问题、突出的问题、有针对性的问题，做一名研究型教师。

五是引领教师学会感悟。景色美不美，不在于它是否有高山流水、绿树红花，而在于欣赏者的感受。因此，我们要善于发现美、感受美，享受教育的幸福和美丽，做一名感悟型教师。

二 聚焦课堂教学改革，探寻实效高质课堂

关于课堂教学改革，我认为，要不吃"硬"，不吃"软"，不吃"花"，要吃"根"。

不吃"硬"，是指上级的强制性改革，不盲目执行，要根据自己的实际，吃透精神，寻找适合自己的路子。一万句口号，不顶一次行动。一千次盲目的、错误的行动，赶不上一次正确的践行。所以，搞形式化的课堂改革，劳民伤财，没有任何意义。

不吃"软"，是说即使别人都在盲目地改，都在盲目地吹，都在"热闹"，自己也要稳坐钓鱼台，立场坚定，不能随波逐流。

不吃"花"，即别人的东西不能直接拿来用，囫囵吞枣，把花摘下来直接戴在自己的头上。拿来主义不是大就是小，大多不适合自己。只有适合自己的，才是最好的。别人的鲜花，摘下来放到我们这里，也就枯萎了，凋谢了。所以盲目地模仿、套用，只能是东施效颦、邯郸学步。

要吃"根"，指要把别人的经验和做法学透、学精，在借鉴的基

础上学会应用，要把"根"吃到肚子里，消化掉，变成自己的东西。让"根"生根、发芽、结果。结合自己的实际，立足自己的课堂，探索自己的方法，树立自己的思想，创出自己的路子，形成自己的个性。

三 树立问题导向，突出教学的真实性和有效性

以问题为导向，通过现象看问题，通过问题找本质，通过本质查原因，通过原因寻路子，要走健康可持续发展的路子。

我曾到一所学校查看教师的备课情况，该学校采用的是集体备课形式。我发现，备课中的板书设计、计划总结部分完全一样，说明这些老师的总结、反思不是自己写的，没有形成自己的东西，不真实，是在应付，是无效的。

所以，突出教学的真实性和有效性问题，尤为重要。只有把教学做真、做实，教学才能有效。那么如何才能让教学有效呢？

首先，要力求备课的真实性和有效性。应付只会费神费力，徒劳而无益。备课过程中，要时刻进行反思，即时性反思和阶段性反思相结合，对集体备课内容进行修改、充实，吸收、融合集体的智慧，生成自己的智慧，形成自己的风格，这才是真实有效的备课。

其次，要力求课堂的真实性和有效性。教案设计得再好，不符合教学实际情况也没有意义。教案不能流于形式，不能应付，应为教学服务，根据真实教学过程设计教案，课堂才会真实有效，教学才会因教案而丰盈。

第三，要突出教育科研的真实性和有效性。搞教育科研一定要用心，要树立问题思维，因为发现问题、提出问题是教育科研的第一步。要善于发现和捕捉教学中的小问题、真问题，从小处入手，找准切入

点。搞教育科研切忌大而空，不深入，没有针对性。搞教育科研应该是一种自觉的行为，靠强制或存有功利心是搞不好教育科研的。搞科研还应该和阅读相结合，为教育科研寻找理论依据和理论支撑，同时结合自己的教育实际，做真教研，提升自己，服务教学。

只有把教育教学的各个环节做实做细，才能更好地激发师生的创造性和智慧潜能，教育才有生机，课堂才有活力。

"双减"政策下小学作业改革与实践

为深化教育教学改革、提高教育质量、减轻学生过重课业负担,坚决扭转一些学校作业数量过多、质量不高、功能异化等突出问题,2018 年 12 月,教育部等九部门联合印发的《中小学生减负措施》明确了学校、校外培训机构、家庭和政府各方的责任;2021 年 4 月,教育部办公厅印发的《关于加强义务教育学校作业管理的通知》从把握功能、严控总量、提高质量、强化管理等十个方面为学校改进作业设计和管理工作提供了有力的政策依据;2021 年 7 月,中共中央办公厅、国务院办公厅印发了《关于进一步减轻义务教育阶段学生作业负担和校外培训负担的意见》(以下简称"双减"),为促进学生全面发展、健康成长提出了新的要求。这一系列政策的颁布,标志着中小学作业负担治理工作迈入新的阶段。

家庭作业是学校教育教学管理工作的重要环节,是课堂教学活动的必要补充。家庭作业是一个永恒的教育话题,不同国家在家庭作业是否必要、完成时间、类型、难度等方面都进行了探索,发现只注重

"量"而不重视"质"的家庭作业并无益处。国内对家庭作业的研究主要体现在大众"减负"的呼声中，清华大学附属中学原校长王殿军在中国教育科学研究院举办的首届全国教育科普论坛上表示作业不是负担，学校应切实以作业管理促进教学质量的提升。中国教育科学院副研究员刘巧利认为，家庭作业的布置没有以学生为本位，没有把它作为教学设计中的重要部分。因此，"双减"政策背景下，开展家庭作业的改革与实践研究，通过剖析小学生作业中存在的问题，探索作业改革遵循的原则和内容；通过帮助教师树立新型的作业观，提升设计作业的能力，促进教学方式的转变，对提高教育教学质量和全面实现素质教育具有重要的指导意义。

一　小学生作业负担现状及存在的问题

本文以政策为指导，从学校管理者、家长和学生三种视角，展开了课堂教学有效性和作业负担的问卷调查。

表1　"双减"政策下，学校管理者、家长、学生
对课堂教学有效性和作业负担的认知

调查对象	问题	回答	人数	比例
学校管理者（20人）	您对"双减"政策的看法是	完全支持	18	90%
		基本支持	2	10%
	您认为学生作业负担体现在哪些方面？	学校管理制度不完善	3	15%
		教师素质有待提高	1	5%
		作业形式陈旧，以书面作业为主，机械重复性作业过多	8	40%
		作业类型单一，缺乏思考性、创造性、实践性	7	35%
		家长对成绩要求过高	1	5%
	您认为课堂有效性体现在哪里？	教师的讲	1	5%
		学生的练	3	15%
		讲练结合	16	80%

调查对象	问题	回答	人数	比例
家长（50人）	您认为减轻作业负担的责任主要在	学校	12	24%
		教师	35	70%
		家长	3	6%
	您认为减轻作业负担，学校采用的最佳方式是	建立作业总量控制和作业检查制度	13	26%
		建立作业常规"家校"联系制度	10	20%
		建立作业质量评价与负担监控中心	18	36%
		建立作业来源与素材审阅机制	9	18%
	您认为减轻作业负担，教师采取的最佳方式是	严格按减负要求规范布置作业	12	24%
		按学生能力科学分层布置作业	20	40%
		创新作业形式，减少简单、重复性作业	18	36%
学生（100人）	请问你觉得作业多吗？	作业量极大，写不完	6	6%
		有点多，勉强写完	24	24%
		还好，有一定空余时间	44	44%
		挺少的，很快就能写完	26	26%
	你希望作业的内容是什么样的？	课堂巩固	10	10%
		课外探究	70	70%
		预习作业	12	12%
		读背作业	8	8%
	你觉得目前课堂存在什么问题？	知识点不足	42	42%
		老师上课无聊	48	48%
		完全听不懂，犯困	4	4%
		老师拖堂严重	6	6%

调查结果显示，家庭作业中存在着一系列问题，主要包括小学生的作业以书面作业为主，类型单一，机械重复性作业过多；作业目标、难度、类型等分布比例不合理，设计缺乏整体感、序列性；针对不同学生的差异性作业较少，一刀切的现象普遍；完成作业的时间长，学生睡眠时间不足；作业形式陈旧，没有新意，且考试频繁。

分析问题存在的原因：一是学校管理制度存在偏颇，对教师和学生的评价主要以学习成绩为主，为了提高成绩，教师布置的作业增多，学生负担加重；二是学校评价方式单一，以试卷测试为唯一形式，为了提高测试成绩，老师会布置大量重复性抄写的作业；三是课程设置和内容存在不合理性，有的学校对非考试科目开不全课程、开不足课时，而对考试科目，却在规定课时的基础上增加许多，加重了学生的课业负担；四是家庭社会的要求片面，有些家长对考查科目不重视，只关注考试科目，强调每天都得有作业，或者额外给孩子购买学习资料，造成作业时间过长；五是老师素质不高，课堂教学效率低下，教学方式方法单调，在规定的时间内完成不了教学任务，就靠课下布置过量作业，促使学生掌握。

二 小学生作业改革与实践措施

作业改革是学校教育高质量发展的关键因素之一，做作业的过程，是学生由教师指导下的课堂教学向没有教师指导的自主学习过渡的过程，需要学校和教师给予充分重视。"双减"政策背景下，学校作业改革与实践将面临一系列新的挑战。我们从不同角度、不同侧面探寻在"双减"政策下作业改革的策略和方法，提出减轻学生作业负担的相应对策及建议。

（一）完善学校管理制度

完善学校教育教学管理制度，遵循教育教学规律，从学生的实际学习状况出发，按照"双减"要求，制定《学校作业有效管理办法》，对学科作业的内容、形式、数量等做出具体的规定，使之有制度可循，有制度可依。

（二）改变传统评价方式

对教师和学生的评价，不再单纯以成绩为唯一评价要求，要考虑到其综合素质，比如体育素质、艺术素质、综合实践等，从多方面、多层次、多角度来进行综合评价，可以改变唯考试、唯作业是从的情况。

（三）开全课程，开足课时

就小学学科而言，作业负担主要集中在了语文、数学学科上，其他非考试科目，也就是说考查科目，几乎没有作业。所以要想减轻学生作业负担，就要把课程开全开足，把学生感兴趣的科目和实践性作业融入进来，从而改变整天语文抄写、数学算题的作业形式。

（四）家校共育减量增质

优质的教育，是学校和家庭共同努力的结果，减轻学生作业负担，需要学校和家庭迈出的步调一致、要求一致。家长对作业的认识和育人素质要提高，要从追求考试分数向提高孩子的核心素养转变、向培养孩子的综合能力转变，作业负担减下来，素质素养提上去。

（五）改革作业形式内容

作业形式和内容的改革，是要选取适合学生特点的作业形式和内容，制定真正体现"双减"政策的恰当且富有特色的作业。作业既要注重层次，切实有效，还要能够激发学生学习的兴趣。同时要形成具有学校特色的作业体系，编排出适合学生自身的"减负作业"。

（六）提升教师综合素质

教师素质的提升，对于减轻学生作业负担起着至关重要的作用。首先教师要加强理论学习，转变传统的课堂教学观念，树立现代课堂教学新观念；其次要积极打造有效且高效的课堂教学，提高课堂教学效率，让尽可能多的学生通过课堂，就能掌握所学知识；再者就是从转变教师的作业观念入手，通过开展专业发展活动，提高教师作业设计能力。

"双减"政策下小学生作业改革与实践，将会进一步全面深化小学课堂教学改革，改变传统作业设计弊端，提升教师教研水平，形成"双减"政策下的新型作业观，创设和谐的师生关系，提高社会对教育的满意度。

如何做一名好校长？

有一名好校长是学校教师的福气，有一群好老师是学校孩子的福气。一名优秀的校长，应当有一颗纯真的博爱之心：爱社会，爱学校，爱自己的事业，爱与自己携手奋斗的每一位员工，与人为善，乐于奉献。把学校当成自己的家，全心全意地呵护；把工作当成自己的事，一心一意地做好；把学生当成自己的孩子，真心真意地培育。

作为校长，要让自己的天空常蓝，让别人的内心温暖；要充满爱意，追求最佳心理状态，和身边的每个人一起"做最好的自己"；要做好表率，不带情绪工作，把心态放正，敢为人先，永不言累、敬业奉献。

作为校长，要责在人先，利在人后，做到"己所不欲，勿施于人"；对教师应多一点宽容，多一点关爱，多一点平和，体贴他们的疾苦，倾听他们的呼声，为他们排忧解难，增强他们对工作的信心；改变教师的状态，让每位教师都阳光、自信、有活力。因为，校长一旦把学校交给了教师，教师也就把心交给了学校。

作为校长，要精心、精细。精心是态度，精细是过程，精品是结果。农业上讲"精耕细作"，生活上讲"精打细算"，军事上讲"精兵简政"，企业上讲"精益求精"，学校就要讲精细化管理，正所谓"学校无小事，事事皆教育"。要做好每件事，从细节入手，从小事抓起，见微知著。

作为校长，要多读书，多学习，读书破万卷，"管理"才有神。读书要有针对性和选择性，应涉及经典文学、教育理论、学科教学、教育随笔、社会哲学、企业管理等。读书的过程是学习的过程，更是思考的过程。要坚持写读书心得，"学而不思则罔，思而不学则殆"，牢记古训，定有所获。要学会与人分享，经常召开读书交流会，相互学习，相互促进，共同提高。读书使自己受益，思考使自己成长，分享使自己提升。

作为校长，要与人为善，厚德载物，感恩朋友，感恩亲人，感恩学校，感恩自己，让真情与生活同在，让真情与工作同行，用真情书写现在，用真情成就未来。

简单化和明细化

把复杂的工作简单化，把简单的工作明细化。简单与明细并不矛盾。只有简单化，才不会手忙脚乱、惊慌失措；只有明细化，才会思路清晰、有条不紊。

所以，我认为，将工作简单化和明细化是一种好的工作方法。

当我们接受一项复杂的任务或工作时，千头万绪，一时不知从哪里着手，此时最重要的就是将其简单化。不要被繁重的工作吓倒，而要学会静下心来，分析一下工作的突破口，先做重要的事，先做好简单的事。因为，把简单的事做好就是不简单。

把工作明细化，具体到每一个人，具体到每一件事，具体到每一个环节。规定每天做什么，每件事都由谁具体负责，由谁具体执行。一次只做一件事，做一件事就把它做好、做彻底。

这样坚持下来，持之以恒，你会惊喜地发现，所谓复杂的事情并不复杂，困难的事情并不困难，一切皆可迎刃而解。

走进家长会

某次学校举办的家长会上，我和家长们共同探讨、交流了两个问题：一是如何正确对待孩子的学习，二是如何培养孩子良好的学习习惯。

一　如何正确对待孩子的学习

家长也是教育者。有句话说得好，"家长是孩子的第一任老师"。所以，一个不关心孩子学习的家长，不是一个合格的家长。那么，作为家长，我们如何正确对待孩子的学习呢？

我认为，孩子的学习态度、学习方法、学习信心比学习成绩更重要。我们大多数家长关心的是孩子的考试成绩，过问的是孩子的分数，关注的是孩子得了第几名，而很少关心孩子学得高兴不高兴，吃力不吃力，方法得当不得当，有没有信心争取更大的进步。其实，这些才是最重要的。

关心孩子的学习，我认为关键有以下四点：第一，要培养孩子正确的学习态度，即不急躁，不灰心，不盲目，要循序渐进，勤于思考，学精学透；第二，要掌握正确的学习方法，轻松快乐地学习，让学习成为一种幸福的体验；第三，要培养孩子的自信心，相信我能行，让学习充满激情；第四，正确对待孩子的学习成绩，注重分析出现的问题，在问题中寻找突破。

二 如何培养孩子良好的学习习惯

首先，要培养孩子自发学习的习惯。关于自发学习习惯，我想从"六条家规"谈起。这六条家规，是我和孩子共同制定的，内容是：（一）正确上网，不打游戏，不聊天，上网时不做与学习无关的事情；（二）每天给自己制订学习计划，在规定的时间内完成学习任务；（三）每天练10分钟钢琴；（四）节假日、礼拜天做一些必要的家务；（五）每学期至少读一本书，至少写三篇读书心得；（六）每天睡觉前对一天所学的知识进行简单梳理，在脑海中"过电影"。并且，我把这六条家规打印出来，贴在学习桌前，让孩子时刻警醒自己，对照自己的行为。效果如何？不好。因为，虽然张贴了所谓的"家规"，但是行动起来，却难以坚持。于是，我把家规撕了下来，在撕下来之前，我让孩子仔细看了三遍，记在心里。之后我把这样做的目的告诉她，贴在墙上不如记在心上，记在心上关键要落在行动上。所以，自发学习比制定家规更重要，只有让孩子自发而不是管制、自主而不是强迫地学习，才是最有效的学习。

第二，要培养孩子专心致志的习惯。俗话说：一心不可二用。学习要专心致志、全神贯注，学习的效率才高，才能减少无效的学习。就像一位同学发言时说的："听课要专心致志，思维要紧紧围绕老师的思维转，不能听着课，偷偷观看窗外的风景。"

　　第三，要培养孩子深入学习的习惯。贪多嚼不烂，一个人不能同时追两只兔子，一只手抓不住两条鳝鱼。所以，少而精的学习内容，能使孩子们收到更好的学习效果。学一点，会一点，通一点，透一点，掌握一点，应用一点。

　　第四，要培养孩子正确的时间观念。明白自己应该先做什么，后做什么。每天制订学习计划，有效安排学习时间，形成规律，养成习惯，让习惯成自然。

　　第五，要培养孩子乐于与他人交流的习惯。交流，其实也是一种很好的学习方式。要善于给同学讲题，做同学的"小老师"，讲的过程，也是提高的过程，讲也是最好的学，付出也是给予。

坚守
——中心幼儿园教学楼建设侧记

中心幼儿园教学楼建设总算进入了轨道。

几经风雨，几经坎坷，几多烦恼，几多苦楚……

就像做梦一样，梦醒时分，黎明将至，黑暗退去，曙光来临。虽已至此，心中却依然担心，唯恐再来风雨。唯有顺自然之音，相信即便风雨，仍有彩虹，雨过天晴，依然是艳阳高照。

这一番经历，相信执着和反复，更相信坚守与不弃。目标已明，弓已拉开，退已不能，只有攻坚克难，方能成功。世间万物皆如此，千难万险，唯有意坚，意坚则万事可摧……

上午写到此，傍晚时分，又有村民因不理解阻挠施工，只好停工，越怕风雨，风雨越至。只盼是一阵风吹过，不再让道路泥泞。此时，只有勇敢面对，不急不躁，让起伏的心尽量平静。干事难，干好事更难，干成事难上加难！我不怕难，我们竭尽全力，不图一分一厘，只图孩子有个幸福的栖息地。

做有根的教育

教育不能搞轰轰烈烈，教育不能靠激情轩昂，教育的本色是平实。所以，我们要回归教育本真，给孩子创设自由发展、健康成长的天地，办真实的教育，做有根的教育，创幸福的教育。

一 创新德育文化，建设和美校园

首先，要以"美"促"德"，即建设美丽校园，创建校园环境文化。其次，要以"和"树"德"，即建设和谐校园，创建学校"灵魂"文化。第三，要以人为本，加强生命教育。生命教育也是爱的教育，教育我们的孩子爱自己、爱他人、爱万物。第四，弘扬传统文化，领悟经典精髓。要把传统文化纳入校本课程，让传统文化进课堂。

二 探寻高效课堂，享受幸福学习

教师的功夫在课堂，课堂教学应突出丰盈、灵活、实效、高质。所谓丰盈，就是内容充实而丰富，方法设计灵活而新颖，注重课堂细节设计，精心设计教学的每一个环节、每一段过渡语、每一个提问、每一个练习题、每一个课件、每一个板书；所谓灵活，是指活用教材，活用教案，指导灵活，方法灵活；所谓实效，是指不刻意追求教师教得精彩，只求学生学得精彩，有效的课堂就是最好的课堂；所谓高质，是指学生的学习热情高，参与程度高，练习质量高，整体素质高，学习是一件幸福的事。

三 尊重孩子个性，让孩子健康发展

我们要尊重孩子的个性，充分发挥他们的特长。每个孩子都有自己独立的思考，如果让孩子完全按照我们的意愿发展，我们就扼杀了孩子的天性，剥夺了孩子的尊严。

我们要尊重孩子的选择，让他们健康自由成长。保护他们，丰富他们，发展他们，是我们不可推卸的责任。

做到了以上三点，我认为就抓住了教育的根。只有做有根的教育，才能办有魂的学校，创幸福的教育。

不刻意隐瞒　不包庇纵容

一个单位要勇于暴露问题，不刻意隐瞒；单位领导要正视问题，不包庇纵容。因为问题在开端处很小，及时改正代价较小，而隐瞒和纵容的祸患则至深。

吴思在《潜规则：中国历史中的真实游戏》一书中指出：在中国的封建时期，在权力大小方面，皇上处于优势，官僚处于劣势。但是，在信息方面，官吏集团却处于绝对优势。封锁和扭曲信息是封建时期官员们在官场谋生的战略武器。即便皇上严明、执法如山，官员们却看着皇上脸色说话，背后封锁、扭曲信息。

同样，一个单位如果刻意隐瞒问题，如果连一个说真话的人都没有，那这个单位的领导就会被假象所蒙蔽。犯错误的听之任之，工作完不成的不去追究，这个单位也就扭曲了。

宽容是有限度的，隐瞒是要不得的。对人宽容，也要对人负责。别人做错了，你给他指出来，这是对他负责，也是对他最大的宽容。自己做错了，别人给指出来，自己不但不应生气，还要从内心感谢批评者，这既是对自己负责，也是对自己最大的宽容！

让课堂绽放光彩
——"新课堂"论坛之我见

莘县首届"新课堂"论坛在翰林中学举行，这次论坛，确定成立了"莘县中小学课改联盟"。

翰林中学发言人提到了终极价值，令我印象颇深。终极的含义，我认为就是最终、最后，教育的终极价值是指我们的教育到底是为了什么，最终为谁服务，最后要达到什么目标。所以，我们要潜下心来，思考一下我们现在的课改到底为了什么？不明确这个问题，改革就无从谈起。我们不能只埋头走路，走了很远，却忘记了为何而出发，这是方向的问题。

翰林中学发言人提出了课堂的精微变革，我觉得这是根本的问题。课堂本身就是一个个细节的总和，我们要从细节做起，精雕细琢，课改才有意义。他们立足本土特点，结合学校实际，打造学校特色，处处体现精微，这是立足的问题。

他们还提出了"四有四无"，即心中有"模"而又无"模"，胸中有"本"而又无"本"，目中有"人"而又无"人"，教中有"法"

而又无"法"。这里说的是改革不能模式化，模式化就是重复，就是复制。别人的东西永远是别人的，只有融会贯通，把别人的经验变成自己的东西，对自己才适用、实用，才有价值，这是理念的问题。

在论坛中，莘县实验小学发言人提出"跳出课堂看课堂"，从另一个角度诠释了课改的要义。比如杜郎口镇中心小学、莘县实验小学等，他们在课堂教学改革方面有了新的突破，取得了一定的成绩，学习他们的课改经验，首先要心态放平，要常怀谦虚之心，找准学习的连接点，看哪些能为我所用，哪些不适合我。因为，再完美的课堂也有不足的地方，再不成功的课堂也有值得我们学习和反思的地方。

相信，只要我们明确方向，找准立足点，不断提升自己的理念，丰富自己的认识，端正态度，虚心、耐心、静心、潜心，我们的课堂定会处处绽放光彩！

关注课堂

开学的第一天，我们召开了一次有效、有益的教学交流会。在这次会议上，我谈了以下四点感受：

一 关于"课堂观察"与传统听评课的区别

传统的听评课形式单一，只是简单地说一下优缺点，如"教态自然、语言优美、板书规范"等，没有起到实质性的促进作用。听课者本身不熟悉教材，没有自己的教学思路和教学理念；讲课者也没有得到真正的指点，没有得到改进和提高。"课堂观察"实质上是有益的、科学的听评课，它改变了传统的听评课形式，从无效到有效，从有效到高效，从高效到成功，从成功到成就一个人、成就一个团队。我认为，"课堂观察活动"体现了"四变"，即从无益变有益，从无效变实效，从漠视变尊重，从传统变科学。

二 课堂要从关注他人转向关注自身

要学会"以人为镜，正己衣冠，学人之长，补己之短"。我认为，关注自己比关注别人更重要。我们不能脱离自己而妄自评价别人，那样往往会目中无人。我曾写过一篇文章《说自己》，大意是当你认为自己很了不起，那么你会错失很多发展的机会，有可能会一事无成。

三 课堂要从关注现象转向追寻意义

我认为现象是表面的，是肤浅的；意义是有内涵的，是深远的。只关注现象，就看不到事物的本质，就发现不了问题，更谈不上解决问题。比如课堂上要求学生"动起来"，不仅指肢体动起来，而且还要让学生的眼、耳、口、鼻、手、脑"动起来"，让学生学会观察、学会倾听、学会表达、学会辨别、学会操作、学会思考，这才是真正意义上的"动起来"。

四 课堂要体现对教材整合的思想

知识需要整合，经过整合的知识是系统的、条理的、明晰的；没有经过整合的知识是孤立的、凌乱的、模糊的。把知识先分解再整合，然后把整合的知识再分解，最后再进行整合，经过"分—合—分—合"实现融会贯通的目标。

延伸一下，同理，思维需要整合，做事需要整合，做人也需要整合。常常梳理自己的思绪，反思自己的行为，纠正自己的错误，让自己正确地做事，做正确的事。

树立"八种意识"

一 感恩意识

善待你所在的单位，我是鱼，单位是水，离开了单位，就离开了生存和发展的空间。我在单位工作，单位为我的生活提供物质条件。

二 集体意识

在一个单位，每个人都不是孤立的，只有把自己融入单位这个大集体中，才能充分发挥自己的力量。

三 大局意识

当个人利益和集体利益受到冲突时，要以集体利益为重，从大局出发，做出的是牺牲，收获的是品格。

（四）团队意识

在单位要善待你的同事，珍惜这份共事的缘分。与同事团结协作，和睦相处，会使你的身心健康，心情愉悦，从而可以提高工作的效率与积极性，同时还能收获满满的幸福与成就感。

（五）荣辱意识

以单位荣为荣，以单位耻为耻。凡是为单位争光的，我们都为他骄傲；凡是为单位抹黑的，我们都为他感到耻辱。

（六）竞争意识

时刻保持一颗进取心，永不放弃，永不言败，争创一流是我们永远的追求。

（七）学习意识

不学习思想就会落伍，思维就会僵化。将学习常态化，把读书生活化。让学习成为一种习惯，让读书成为一种必需。

（八）创新意识

不要墨守成规，得过且过。要善于接受新事物、新思想、新经验，在学习中积极思考，在思考中寻求改变，在改变中寻求突破，在突破中力求创新。

以苦为乐做教育
——河南永威学校学习心得

去永威学校学习，我们重点学习了学校管理、课堂教学、文化建设、习惯培养、书香建设、校本课程、特色办学，感受颇深。下面仅谈一下自己的感受。

一 学习永威学校一生做教育的精神

从网上见到这样一段话："为什么我们今天的学校很多都是平平淡淡，没有起色，教育质量一般？正因为今天像蔡林森这样对教育痴爱、执着的校长太少，像永威人这样舍得流汗的教师太少！"并不是说现在我们的教师不敬业、不奉献，而是缺少对教育的一种痴爱。

蔡校长有几句名言："把简单的事做好就不简单，把平凡的事做好就不平凡。""要让全体师生每天一开门就能看到校长，这所学校就好办了。""校长要给班子成员做表率，班子成员要给教师做表率，教师要给学生做表率，层层带动，制度就得到了落实。"……这些朴实的话语，看似说的都是小事，却哲理深刻，实实在在。有人曾这样评价他，说蔡校长有累不坏的嗓子、使不完的劲头、用不完的智慧，有固定不变的生物钟，从早上5点半一直到晚上11点半，每天十几个小时，他都在思考、工作，所有师生集体活动的场所，操场、赛场、会场，都能看到他的身影，都能听到他热情洋溢的讲话。一句话，蔡校长用自己敬业奉献的实际行动诠释了永威学校一生做教育的精神！

二 学习永威学校以苦为乐的精神

用蔡校长的话说，吃苦是福，吃苦才能学会学习，吃苦才能当好教师，吃苦才能建成名校，吃苦才能终身幸福。

教育工作是长期的、复杂的、繁重的工作，要当好一名教师，首先要甘于吃苦、学会吃苦，因为教师的本领都是在实践中吃过苦得来的。

教师要不怕吃苦，要敢干、肯干，学校需要干什么就干什么，并且，干就干好，干出样子来。因为只要干就能学到东西，干得越多，贡献越多，学到的本领也就越多。在干中锻炼自己，丰富自己，提升自己，以苦为乐，何乐而不为？

三 学习永威学校精细化的管理

从细节入手，狠抓落实，精细到各种规章制度，精细到具体的分工，精细到学校工作的方方面面，真正做到事事有章可循。

蔡校长到永威的第一件事就是根据学校实际，亲手起草各种规章制度，再经过全体教师讨论通过，最后定稿。单在教学方面，就涉及备课、讲课、评课、课外辅导、作业批改、检测、四清（堂堂清、日日清、周周清、月月清）、学生守则、教师语言、教师态度等，每项制度都有很强的可操作性。并且，学校与每位教师都签订了责任书，责任书明确了每位教师的工作目标、责任、考核标准和奖惩措施，人人照章行事。

制度落实的关键是检查和考核。为此，永威学校实行逐级责任制，由班子成员具体分工，定时检查，检查结果准确记录，及时公布，发现问题，及时解决。

（四）学习永威学校踏踏实实、精益求精的态度

永威学校是一所集幼儿园、小学、初中、高中为一体的综合性学校，从小学到初高中各门学科，蔡校长轮番听评，坚持每天听评课四到八节。学校还专门开辟"219"教室——一个能坐219人的大教室，专供本校和外校的学习者听课。他要求所有的教师，都要静下心来，踏踏实实地教书，对每一节课都要做到精益求精。对一些老师的课他批评得非常严厉，点评得非常细致入微。可以说，他的评课，直击要害，一针见血，不留情面。

就这样，一个普通的民办学校，带出了一流的师资队伍，培养出了一流的学生，造就了一所真正的名校。

（五）学习永威学校立足现实、勇于创新的思想

质量是学校的生命。本着这一办学思想，永威学校深化教研教改，主攻教育质量，全面推行"先学后教，当堂训练"的教学模式，在课堂上做到解放学生、相信学生、发动学生，把课堂还给学生。可以说，"先学后教，当堂训练"是对传统教学的一场革命，改变了传统的教

学模式，真正确立了学生的主体地位。同时，还体现了因材施教、自主合作、分层教学、循序渐进的原则。

另外，他们提出了既要用好教材又要走出教材的思想，即教师不仅要引导学生走进教材，而且要引导学生走出教材。例如，语文讲读课上，教师指导学生运用课文中学到的方法，去阅读课外书籍，去写作文；数学课上，则指导学生利用刚学到的知识去解决实际问题。这样，学生走出教材，拓宽了视野，获得了知识，增强了能力。

为什么蔡林森校长能让永威发展成为一所名校？也许正是因为，他把工作当成了生命，把工作当成了快乐，吃苦就是福，一生做教育！

关于有效教学的思考
——广州考察学习侧记

2011年4月24日，我在广州华南师大附小听了一场有关有效教学的报告。

听后，我不禁思考：什么样的教学才算是最有效的？探求课堂的有效性，其目的之一，就是切实减轻学生的课业负担。说到学生的课业负担，就让我们从学生书包的变化说起吧。

早在20世纪八九十年代，当时只有语文、数学课本加上几个作业本，书包拿在手上能在头顶上甩上几圈。现在的课程多达十几门，沉甸甸的书包，提不起来只好背着，有很多学生买带轮子的包，干脆拉着。学生书包的变化说明了什么？说明学生课业负担加重了。学生课业负担加重，教师教学负担也会相应地加重。

探求有效教学，是我们做教育的人义不容辞的责任。前两天，在南山松坪学校听的"中位数和众数"那节课上，我捕捉到了"有效课堂"的踪迹。他们明确提出了"先学后研"的教学模式，在深入学习洋思经验、充分借鉴杜郎口经验的基础上，结合学校实际，采用借鉴一创新法，对课堂教学模式改革进行了卓有成效的探索，提出了"三段六式"课堂教学新模式，即预习·质疑—展示·探究—检测·反馈。这一模式，使课堂实现了学生自学、教师引导、生生互动、师生互动、组组互动，体现的是一种研究性活动。

学习、借鉴是一种方法，但生搬硬套不可取。我们追求的有效教学，至少要体现以下三个方面：一是有效促进学生的素质发展；二是有效提高学生的学习成绩；三是有效提升教师的专业水平。这是有效教学的三维目标。

提起素质，有位教育家说，一个人在学校里学到的知识，毕业后都忘记了，剩下的就是素质。这句话富有哲理，比如学习语文，之前所学的文章也许忘记了，但是留下的丰富的想象、语言的魅力就是素质；学习数学，那些公式、定理大部分忘记了，留下的逻辑性、条理性、鲜明性就是素质。

有效教学重要的一点是提高学生的学习成绩。探求有效教学，不是不要学生成绩，而是怎样有效地、更好地、更快地提高学生的成绩。

一个专业水平较差的教师，难以教出素质较高的学生。"春蚕到死丝方尽，蜡炬成灰泪始干。"有人习惯用此诗句来赞扬老师，认为只要敬业就是好老师，其实是不恰当的。"春蚕、蜡烛"强调的是教师工作中的消耗、递减，教师固然要有奉献精神，但只有奉献就够了吗？教师的能力、专业水平、专业成长是进行有效教学的关键。所以，教师应该是一棵茂盛的果树，根深叶茂，郁郁葱葱，奉献果实的同时实现自我成长。

以人为人，追求和谐
——南京师范大学培训学习心得

以人为人，追求和谐，是管理的一种境界。和谐是生产力，和谐是学校发展的主要力量。

作为一名校长，一心一意扑在工作上，任何方面都不肯落后，这没有错，也很可贵。但是你若要求下属都能像你一样敬业、富有责任和激情，是不现实的。校长存在的意义，正在于不断引领、督促教师成长、进步。

在实际工作中，作为一名校长，确实常常会有怨气，会急躁、埋怨、不安、困惑、无奈，其实这一切烦恼都源于自己的修养不够，源于自己的境界不高。

永远不要埋怨别人，更不要怨恨别人，因为怨恨别人就是折磨自己。我们可以做的，只能是用行动引领行动，用人格感化人格，用激情焕发激情。只有真正做到欣赏别人，从他人身上学习他的长处，规避他的短处，我们才能不断完善自己、提升自己。只有如此要求自己，一个团队成员之间，才能互相取长补短，才能互相借鉴，才能共同进步，团队才更有生命力。

树立"以人为人"的管理理念，打造和谐团队，尊重每一个人，热爱每一个人。

要汲取"自然无为"的管理智慧，无为而治。作为一个校长，要放得开，放得下，不要事无巨细，什么都不放心，因为管理的最高境界是"不管"。正因为你的不放心，束缚了你的下属，他们的思想和能力不能得到充分发挥。所以该出手时就出手，该放手时就放手，让每位教师都能大胆、轻松、自由地工作，从而取得更多的工作成果，实现更大的人生价值。

追求学生的精彩

——德州乐陵学习考察侧记

2012 年 5 月 13 日，我们来到德州市乐陵实验小学学习考察。回来了很长时间，乐陵实验小学的一草一木、一情一景依然历历在目。

入校即静，入堂即学。学生自然成队，走进校园，没有一个大声说话的，更没有追逐打闹。学校要求：入队（进校园）走直线，拐直角，走单线；快步、轻声、自然摆臂；入校不跑，校内不吵，入堂即学。

学生养成教育，根深蒂固。学校认为素质教育是提高学生内在和外在的素质，内有美丽的心灵，外有美好的形象。他们提出"礼貌45 度"，即见到客人要鞠躬 45 度问好；"心诚 90 度"，即做人正直，心胸坦荡，光明磊落。

活动贯穿教育的整个过程。把有"三八节"的这一周定为感恩周，在这一周内，每位学生都要做四件事，即对父母说一句感谢的话，写一封感谢父母的信并且读给父母听，给老人（最好是爷爷奶奶或姥爷姥姥）洗一次脚，在这一周自己要"主政"一天；"五一""十一"提倡学生行万里路，走出家门、走出校门，因为见多才能识广；清明节举办"寻根问祖"活动；春节开展"文化小使者"活动、"一元钱"活动（让学生体会钱来之不易），开展"为社区服务"活动和"为客人做一盘菜"活动，目的是让文明传播出去，让文化传播出去。

实施"五节搭台"。即读书节、体育节、艺术节、英语节、科技实践节；开展阳光体育运动，走出教室，走向操场，走进阳光。他们的阳光体育丰富多彩、形式多样，有篮球、足球、跳绳、呼啦圈、竹竿舞等，动而有序，动而有趣，动而有效。学校需要活力，学校需要活动，只有开展好特色活动，学校才能凸显特色。

以需定教，建设特色大课程。（一）大教材，大课程。1.生活万象都是教材，把生活各项技能纳入校本课程，如家政课、社会实践课等。2.开设古诗文诵读课、影视欣赏课、文学课、名曲欣赏课、名画鉴赏课等。他们明确规定：小学六年，要求了解100幅名画、100首名曲，要知道作品名称、作者、乐器，能初步体会意境。3.历史课。了解、知道一些历史故事。4.戏曲课。让戏曲进课堂，根据学生的爱好自愿报名，根据需要而定教学内容。5.基础性课程。如识字课、成语课、阅读课等，这些是必须过关的课，学校进行考核，只要不过关，追踪考核，直到达标为止。6.实践性课程。如观察课、科普课、地理课。7.棋类课。根据爱好而定，不做强求，主要通过比赛活动，发展特长。（二）大课堂。1.周目标导航。2.前置性学习。3.小组捆绑式评价，成员有一个落队的，减小组的分；实行月归零制度；为了调动积极性，每周选出周冠军，每月选出月冠军，充分利用"分数激励法"。4.栏目性。所有的课堂分版块进行，突出游戏性，把课堂变为学生展示的平台。

很多人有这样的疑问：二十多种课程怎么上？这样会不会大大加重师生的负担？实际上，他们把这些课加到周课时里面，一周只需加一节即可，且不增加语文课时，充分利用自习、课前、课后时间，而且尊重学生意愿，内容也都是学生感兴趣的。他们的理念是：追求学生的精彩，不求老师的精彩；追求全体学生的精彩，不求部分学生的精彩；追求学生一生的精彩，不求学生一天的精彩。

很多人又问：让孩子背诵这么多东西，接受这么多东西，学生能承受得了吗？他们的回答是：学生展示的是周目标之外的，不做强制要求，尊重学生意愿和需求。

实行网格化管理。做到人人有事做，事事有人管；成立德育部、网管部、外宣部、业务部等，每个部的负责人都是普通老师；整个学校没有清洁工，每一个卫生点都有专人负责；管理模式渗透到班级，由学生参与管理，整个管理重心下移；所有工作都有检查，所有检查都要签字，在周一升旗仪式上公布评比结果；每周一开一次校委会。

通过此次学习考察，我意识到，智慧不是学来的，智慧是通过自己的思考加实践加创新得来的。别人的做法不可复制，今后在工作中，要学习、借鉴，结合自身的条件灵活运用才是根本。

校长的职责

——陕西师大学习心得

一　关于《义务教育学校校长专业标准》

校长有校长的标准，教师有教师的标准。"校长作为学校改革发展的带头人，担负着引领学校和教师发展，促进学生全面和个性发展的重任""不断提高与完善规划学校发展、营造育人文化、领导课程教学、引领教师成长、优化内部管理和调适外部环境等方面的能力"。这些都是校长的具体责任。

引领教师成长是校长工作中的重要内容。在日常工作中，应尊重、信任、团结和赏识每一位教师。校长是教师专业发展的第一责任人。明确了责任，明确了标准，我们干起工作来才不盲目，才会有方向，才会有动力，才会有激情。

二　近远效应

越是身边的，越是平常的；越是离得近的，越是不容易被接受的；越是熟悉，越是持怀疑态度，甚至是反对和指责。反过来，越是离得远的，越是好的；越是陌生的，反而是更容易接受的。我把教育中的这种现象称为"近远效应"。

别人通过自己的努力走出一条路子，我们先别去评论，更不能去指三道四，妄加指责。我们应看到他的思想、他的精神，看到他那种敢作敢当、敢拼敢冲的勇气，这才是我们最需要学习的。要学习内涵和实质，不能只关注形式和表面。

所以，时常用陌生的眼光来看待我们熟悉的东西，才不会感到倦怠，才能有所收获。

三 关于责任

作为教育者，要对自己负责，对家庭负责，对社会负责，对学生负责，对工作负责，对上级负责。

有些人在关键的时候不能以大局为重，跳不出自己的思维小圈子。上级安排的工作，不讲落实，而是搞所谓的"创新"，最终创新没成功，本职工作也没有落实到位。

所以，我们要把自己的工作建立在行动之上。

塑造完整的自己

——烟台鲁东大学学习心得

人人都渴望成功。有的人信誓旦旦，然而，一旦行动起来，往往是知难而退。有的人总想干点大事，结果小事没有干，大事没干成。殊不知，把小事情做好、做大才是大事情，把小事情做精就是大成功。因此，做好每件小事，塑造更好的自己，应是我们一生不懈的追求。

一 适当放松，享受自由的美丽

教育工作本身是烦琐而复杂的，但这只是从形式上而言，如果我们只是停留在表面，我们永远也品尝不到做教育的幸福滋味。

做教育是需要非常用心的，需要我们静心思索、潜心研究，当然，这并不等于把身心完全束缚于教育。作为一个教育者，要学会让自己放松，享受自由的美丽，只有这样，才能找到教育的快乐。

如何让自己放松？要学会自我排压、减压。这就需要懂得一些小技巧，比如，走路要挺起胸膛。因为你的姿势会左右你的情绪，弓腰前行甩不开步伐，挺起胸膛才能昂首阔步，才显得充满生机和活力。

此外，说话的音量和语速也会影响情绪。声音柔和、语速缓慢，头脑就会冷静；声音急促，就会有愤怒的感觉；声音高昂，就会有必胜的信心；声音迟疑，就显得内心不诚。除此以外，你的行为举止、生活习惯以及人生态度等，都会影响你的情绪。

我们不要过多地在乎外界的评价，因为那些评价对我们自身而言，无足轻重。但若我们太在乎，会使自己身心疲惫，得不到放松。适当地放松自己，呼吸一下自由的空气，享受一下自由的美丽。记住，你就是你自己！

二 刺激自己，激发奋进的斗志

一个人在一个岗位上干得久了，就会产生疲倦感，专业术语叫作职业倦怠。从生理因素来讲，这很正常；但从职业角度来讲，这非常可怕。这就要求我们要不时地刺激自己，经常地激励自己，让自己的思想不落后，让自己的脚步不落伍。

首先，心中要常存目标。有目标才能有追求，有追求才会产生前进的动力，否则，就像大海里失去航标的船，随波逐流。定目标不要定得太大、太远，要常定小目标、定近期目标，这样才能循序渐进，一步步地走向成功。让自己的心中常有奔头，让自己的生活富有追求。

其次，心中要常存责任常怀使命。不管你从事何种职业，都要甘于平凡，勇于担当。把小事做大、做极致就是不平凡，把平凡的事做得不平凡就是英雄。作为一名校长，责任是什么？打造品牌学校、创建特色学校是校长义不容辞的责任；使命是什么？实现自己的教育理想，保持自己的工作激情，引领与唤醒团队，这些都是校长的使命。

三 自我调适，保持阳光的心态

健康的身体是生命和工作的本钱。要有一个健康的身体，必须具备健康的心态，这就需要掌握一定的心态自我调适方法。

首先，学会改变认知。要从不同的角度寻找积极快乐的因素，简单一点就是要多考虑我拥有什么，不要过多考虑自己缺什么；生活中有很多事情本身是没有意义的，很多是我们自己去赋予的。所以，你怎么假设，它往往就向那个方向发展。俗话说"信则灵，不信则无"，是因为"信"了，就会产生心理暗示，也就自然而然地向着那个方向发展。

其次，学会倾诉和宣泄。有不顺心的事，要大声地说出来，倾诉是真情的流露。内心的悲伤和忧愁，要尽情地宣泄出来，哭泣是一种宣泄，旅游是一种宣泄，运动是一种宣泄……

第三，要学会包容。宽恕别人，解脱的是自己。大海无边无际，那是一种胸怀；浪花撞击礁石，那是激情的爱。海鸥天上飞，鱼儿水中游。欲存凌云志，心在浪中行。海的阔大，塑造了大自然的和谐与美妙；心的包容，演奏出人间最动听的歌。

四 坚持积淀，塑造成功的自我

"不积跬步，无以至千里；不积小流，无以成江海。"积沙成塔，众木成林；滴水成河，粒米成箩。只有不断积少成多，坚持积淀，才能成就更好的自己，才能塑造成功的自我。

塑造自我，需要积淀什么？第一是文化的积淀。现在提倡建立学习型社会，提倡全民阅读。作为教育者，是最应该读书的人。只有不断地虚心学习，不断地充实自己，才能够不断进步。"读书或书籍的享受素来被视为有修养的生活上的一种雅事，而在一些不大有机会享受这种权利的人们看来，这是一种值得尊重和嫉妒的事。"（出自林语堂《读书的艺术》）所以，读书可以修身养性，可以提高人的思想境界，读书就是文化的积淀。第二是人格的积淀。不管你的能力大小，首先你要做一个好人，做好人是一个人最起码的人格底线。做人要有做人的标准，做人要有做人的底线。对自己负责，对别人负责，是标准；服从集体，顾全大局，是标准；工作敬业，充满激情，是标准。对得起自己的良心，不出卖良心，是底线；相互拥护，搞好团结，是底线；工作负责，不误人子弟，是底线。所以，在日常的工作和生活中，需时时刻刻把握好做人的标准和底线。

人的心灵奏出的最美乐章是善良。孔子行善无迹，庄子至善无痕。积小善为大善，真正的善又是无形、无声、无痕、无迹，用真善塑造自己的人格。

从终点出发
——昌乐、寿光学习考察心得

　　2015 年 12 月 28 日至 30 日，我们一行来到潍坊市昌乐育才双语学校、昌乐外国语学校、寿光市西关小学、寿光市古城街道经济开发区小学考察学习，此行受益匪浅，感悟颇深。四所学校，各有特色，从不同的角度，诠释了教育的真谛。总结起来那就是：从细微处着手，从一点一滴抓起，坚持下来，做成体系，成于细节，赢在执行。

　　在这里，我选择两点，把其最有特色的常态化管理呈现出来。

一　能本教育理念，贯穿教育始终

　　走到昌乐育才双语学校，首先映入眼帘的是一行醒目的大字："让每一个孩子赢在人生的起点"，大字下面的图案中有四个人物你追我赶，携手并进。校门口展示的每一块图版、墙体上的每一幅标语、悬挂的每一个标牌、展台上摆放的每一份材料、校园的每一个角落……这一切一切，都可以感受到学校处处基于对人的认知，从本能出发，体现着学生的自主和自觉，这正是他们能本教育的理念核心。

能本教育从身体、情感、精神三个方面入手，塑造人的成长核心，分别从三个维度进行深化：第一个维度是身心健康度，体现的是本性的发展；第二个维度是情感的丰富性，体现的是个性的成长；第三个维度是精神境界的提升，体现的是价值的实现。

他们提出：品德与学识并重，能力与特长俱佳。这充分体现了校本位、师本位、生本位的思想。为此，他们从三个方面科学合理地设置课程、开发校本课程。身体和心理方面，开设了安全教育、体育教育、健康教育、心灵之约、大课间操、心理咨询等课程；情感和交往方面，开设了社团活动、能本岗位、能本大使、主题教育、生命游学、远足活动、社会实践、文明之夏等课程；知识和精神方面，开设了语文、数学、英语、科学、品德与社会、艺术、国学、电脑、乐器等课程。通过以上课程的开设，培养身心健康、情感丰富、精神高贵的人。

值得注意的还有他们的行为文化。他们从文字入手，发掘文字背后隐藏的文化。"昌乐"："昌"字上日下曰，日复一日，月复一月；"乐"字代表快快乐乐；"昌乐"即天天快乐。"育才"："育"字上云下月，寓意早上顶着云，晚上踏着月；"才"字为英才；"育才"即工作中早来一会，晚走一点，日日如此，自然孕育英才。"双语"："双"字又加又，代表你追我赶，携手并进；"语"字代表语言大师，发标准音，写规范字；"双语"即你追我赶，携手并进，发标准音，写规范字，做语言大师。于是，他们总结出了昌乐育才双语人的六大基本内涵：一是拥有天天快乐的心态；二是具有早出晚归的拼搏精神；三是要有早来一点、晚走一点的工作态度；四是要有你追我赶、团结和谐的工作作风；五是要有发标准音、写规范字、做语言大师的素质；六是要有成就英才的能力。

二 书法成特色，墨香飘校园

寿光市古城街道经济开发区小学教学楼上的金色大字"争写字明星，竞读书大王"闪闪发光，楼道内、教室里一幅幅鲜活的作品，在向我们诉说着读书和写字的境界：养神、养心、养目、养美、养正、养学、养气、养敬、养礼、养勤。

他们的具体做法有以下几点。一是开辟书法长廊，实行动态管理。把国学诵读和写字教学结合起来，开展写字比赛活动，挑选出优秀的书法作品定时张贴、悬挂。二是搭建星光舞台，展示学生个性特色。定期评选读书之星、学习之星、写字之星、艺体之星、德育之星等优秀学生，在展台上展示他们的照片、事迹以及他们获得的奖状、锦旗，记录学生的成长足迹，展现学生美丽的瞬间。三是建立一套行之有效的写字评价机制，通过写字比赛、作业展览、书法作品展评、写字讲座等活动，在全校掀起"大练书写基本功、人人争做小明星"的热潮。四是力争特色课堂最优化。运用现代化的教学手段，优化写字课堂教学，探讨写字教育的有效途径和方法，构建科学高效的写字课堂教学模式。五是特色课程生活化。每年春节前，都要组织学生开展"迎新春、写春联、送祝福"活动，让学生走向生活，同时也培养学生的服务意识，让他们既展现了自我，也得到了锻炼。

以上，都是学校经过多年探索、多次坚持、多次改进、多年积淀而形成的富有特色的先进理念和可行做法，有些非常实用，可以直接"拿来"，有些需要我们汲取他们的先进思想，结合自己的实际情况，在他们已经取得的成果基础上，探索出一条适合自己学校发展的道路。

有梦想才有追求

——寿光考察学习心得

关注每个人的成长，让每个人都有梦想。有梦想才有方向，有梦想才有追求，这一教育理念在寿光市侯镇中心学校得到了充分体现。

寿光市侯镇中心小学没有豪华、富丽的楼房，没有奇花异草的点缀，有的是一尘不染的校园环境，有的是和美之花的绚丽绽放。导航、强基、铸魂，是学校的高远引领；精心、精细、精彩，是学校师生的传奇演绎。

"以学生为中心，想学生之所想，一切为了孩子。我只对业务执着，只要我想干的事，就一定要干好。"赵林校长如是说。赵校长 2015 年任校长后拼搏探索，四年将学校打造成品牌学校，靠的是什么？靠的是一颗执着的心！

"我是一个有原则的人，但我的心有的时候很软。只要能给孩子一个成功的机会，有些事可以特事特办，但必须提出要求，提出目标。我说一句话，老师、家长不知要付出多少努力！但只要是为了孩子，值得！"

"我的管理其实暗藏着两个关键人物，一个是负责安全、餐厅的主任，一个是负责教务和教学的主任，他们年龄较大，有威望，有底气，说了话大家听。所以不好办的事，让他们去处理，他们能解决很多事。"这段话体现了赵林校长分工具体、明确责任，知人善任的管理艺术。

该校的社团活动达三十多项，部分形成特色课程。这么多社团管理、活动管理，再加上餐厅管理等，如何调动老师参与？赵校长说，教师参与的各项活动都实行计分制，得分加在优秀教师、优秀班主任考核里面，哪个教师不想干得优秀？

该校对于教师的请假管理是很严格的，每学期全校教师共请假多少次，算出平均分，请假几次就乘以平均分数，在教师的年度总评分中扣除，无一例外。

"听到现在播放的音乐了吗？是关于抗美援朝的歌曲。"参观的路上，音乐响起时，赵校长如是说。学校响应党的号召，抓好特色党建，用红色歌曲潜移默化，对孩子们进行红色教育！

"我们学校的树林最听话，让它落叶就落叶，让它不落就不落。"看似开玩笑的一句话，其实是在赞扬师生们齐心合力，遇到地面上有落叶随时捡起，时刻保持，一年四季，天天如此，早已形成常态。

再说说侯镇中心幼儿园。走进幼儿园，会感受到一种回归自然之美，朴实、真实、亲切、真切，将资源的开发和利用达到极致。这里是孩子的公园，是孩子的乐园，是孩子的家园：城堡式的建筑，温和明快的色调，温馨的环境，自制的各种各样的玩具，意想不到的各种生活废品利用，开放、自由、大胆的活动场地设计，让幼儿园如诗如画般呈现在我们面前。

这里的每一处细节都体现着一个理念：尊重每一个人。他们做到了，而且做得实，做得真，做得令人感动。他们尊重每一个人，也尊重这里的每一寸土地，他们赋予每一个角落文化。无缝衔接的精致管理，成就了学校的精彩、教师的精彩、学生的精彩。这才是有情怀的教育，这才是教育的真境界！

参观学习的第二天晚上，我们组织了研讨，结合老师们的发言，我总结了以下几个方面。作为校长，亲力亲为不是错，关键要看如何引领；己所不欲，勿施于人，自己不想做或者做不到的，不要强加给老师；要有领头羊意识，要有大声说"向我看齐"的底气。学校管理方面，在规范办学的前提下，要体现时代特色，并注重细节，精细化管理；要借助、利用、整合优势资源，形成自己的办学特色；要创设有氛围、有特色、有层次、有品位的校园文化。党建方面，要发挥党小组的作用，调动党员的积极性，做好党建引领；将党建嵌入学校管理活动中，以党建、团建引领少先队建设。课程建设上，发展兴趣小组，发展高品位社团，最终落实、沉淀为特色课程；要抓好习字课，立字、立品、立人；要抓好德育课，思想引领，以德育人；要做到堂堂有检测，并及时评价。作为教师，要心怀大爱，要让孩子们感受到；要自发自愿辅导后进学生，不得收取任何费用，这是一个老师的责任和爱心。

做好疫情防控，筑牢安全防线

安全工作，是学校工作的重中之重。2022 年，面对严峻复杂的新冠疫情，莘亭中心小学迅速反应，从速从严、狠抓落实，多措并举，确保广大师生员工健康和校园安全,争分夺秒筑牢校园健康安全防线。

（一）成立防控专班

学校成立由校长任组长的防控领导专班，围绕校园防控、健康教育、值班值守、教学管理、人员返岗、应急反应等做出安排；对辖区内各小学、幼儿园开展防控工作督查，重点督查防控工作预案及人员安排，各项防控措施以及常态化疫情防控具体职责的落实。

（二）净化校园环境

学校内部环境的净化，是学校疫情防控中的重要一环。学校严格落实了教室、厕所、实验室、校园、楼梯等重点场所的消毒消杀、通风换气、卫生清洁等工作，彻底消除卫生死角，保持环境整洁。

三 加强健康监测

全面做好师生健康情况排摸工作，按照"细化、量化"的要求，不漏摸排任何一个人。师生在校期间，了解每个师生的身体情况，努力做到底数清、情况明、预案细。同时落实好学生晨午晚检和因病缺勤追踪制度，做细学生及其共同生活人员、教师、后勤人员的健康监测，动态掌握健康状况。

四 强化自我防护

学校通过多次召开疫情防控主题班队会、国旗下讲话等活动，加强师生做好疫情期间自我防护的意识，让师生牢记疫情防控四大措施：戴口罩、勤洗手、常通风、少聚集。在此基础上，特别注意特定场景的特殊防控措施：如交通出行，不去中高风险区；购物保持一米距离；医疗就诊早看医生；居家时，要自测体温等。

五 关注心理健康

疫情发生以来，为缓解疫情给学生心理造成的不良影响，学校迅速组织心理健康教育专兼职教师组建心理保障团队，通过谈心谈话、电话交流等方式安抚学生情绪。同时有针对性地向学生推送疫情防护科普、心理自我防护等方面的相关知识和文章，加强宣传，提升学生的自我心理保健能力。

六 密切家校联动

加强疫情防控，确保校园安全，不单是校园师生要做好防控，还涉及各学生家庭及社会。学校积极争取学生家长的配合，校内校外联动，加强对家长的宣传引导，各班主任通过班级微信群、致家长的一封信等提醒家长注意家庭防控，落实学生校外的管理责任，不前往中高风险地区，及时报备家庭成员行程，不迟报、不瞒报，按时接种新冠疫苗，及时参加核酸检测，密切配合学校提交好家长和学生疫苗接种、健康码、行程卡等防控信息，全力做好家校联防联控。

(七) 备齐防疫物资

学校防疫物资储备是关乎广大师生人身安全的重要保障，是一切防疫工作的基础。学校坚持宁可备而无用、不可用而无备，按照有关要求，储备了足量的医用口罩、一次性手套、洗手液、消毒液、体温检测设备，配备了必要的防护设施，并科学、安全地进行存储。

(八) 建立教学模式切换预案

学校全面建立线下教学应急响应机制，提前做好线上教学实施预案，明确实施渠道、授课师资、条件保障等内容，确保疫情严峻时期，立即转入线上教育教学模式。同时，加强对线上教育教学的质量监测和规范指导，积极引导学生合理安排作息时间，注重对学生居家学习的心理辅导和关怀，全力保障学生居家学习身心健康。

学校安全无小事，在疫情防控的特殊时期，校园安全工作必须从严、从细、从实做起，多措并举，织密校园疫情防控网，筑牢校园疫情安全防线。

责任大于天

新轮疫情如风卷，天空飘雨北风寒。

众志成城坚不摧，秋去冬临春不远。

疫情防控冲在前，工作不分黑白天。

白日不怕北风吹，夜晚不惧月光寒。

一心奉献不为己，为党为国为家园。

群众安全第一位，真情责任大于天！

送给还在隔离点坚持值班值守的各位老师，向他们致敬！

战无不胜

疫情洪水，来势汹汹，冲遍大江南北。

自卫战争，草木皆兵，人人自居家中。

深居简出，人烟稀少，街道冷冷清清。

心情放松，加强锻炼，争取远离阳性。

兵来将挡，水来土掩，个个战无不胜。

　　线上教学已进行一段时间，老师们克服重重困难，坚守岗位，默默付出，你们辛苦了！最近，病毒猖獗，部分老师感染，线上教学虽遇困难，依然有序进行，这是什么精神？这是自我奉献之精神！这是战无不胜之精神！愿老师们健康快乐！

良好习惯"三字经"

好习惯，要养成。勤学习，爱劳动。

守诚信，善沟通。遵礼仪，讲文明。

有礼貌，会宽容。讲卫生，要干净。

课堂上，认真听。勤动脑，好心情。

写字端，精神凝。做作业，全完成。

一日事，一日清。好习惯，好人生。

第二辑
心若止水

人的一生就像河水一样，童年时水流是细小的，如清澈的小溪，无忧无虑，缓缓流淌；青年时如水流行至狭窄的两岸之间，变成激流，冲过巨石，滑下瀑布，在山谷中回响；中年时犹如黄河长江，波涛汹涌，气势滚滚，一泻汪洋；到了老年则河岸扩展，河道变宽，水流平稳，最后汇入海洋。

人生如棋

人生如棋，棋如人生。

棋要一步一步地下，人生的路也要一步一步地走；棋不能一步获胜，人生也不能一步就能成功。

人生犹如一盘棋，谁输谁赢何作奇？进退得失成与败，劝君应做局外人。

诸葛亮神机妙算，却错用马谡，痛失街亭，一步走错，一生再也没有机会一统大业，可谓一失足成千古恨。

周幽王为了博得爱妃褒姒一笑，几次烽火戏诸侯，结果葬送了整个王朝。

长平之战赵王误换廉颇，让只懂纸上谈兵的赵括领兵，结果40多万赵军大部分被坑杀。

项羽、刘邦是象棋棋盘上"楚河汉界"的两位主角。项羽被推为沙场军神，攻无不克，但刚愎自用，独断专行；刘邦虽不及项羽勇毅，但广开言路，从善如流。在遇到障碍时，项羽选择强攻，刘邦选择忍让。项羽竟为了一介书生大动肝火，成千古笑谈；刘邦被周昌怒骂为夏桀、商纣，却一笑了之，信任如故，气量之大，令人刮目相看。项羽用人，轻文重武，不讲战略，不讲谋划，不能合理运用人才；刘邦深知自己资质平庸，谋略上用张良，内政上用萧何，军事上用韩信，人尽其才，知人善用，用人不疑，最终成就帝业。

古今多少事，都付笑谈中。过去的都成为历史，但脚下的路依然在延伸。

人生如棋，走棋需慎重，一步走错，满盘皆输；做人也是这样，在关键的人生路口，如果走错了，一生也就交代了。下棋不能贪胜，要淡看输赢；做人不能私心太重，要拥有一颗平常心，懂得取舍。

在棋盘中，每一枚棋子的走法不同，位置不同，出场不同，其作用和价值也不同；人亦如此，在人生这个大舞台上，每个人机会不同，能力不同，条件不同，其作为不同，地位不同，价值也不同。

我们要不断接受人生的挑战，因为竞争无处不在，"对弈"也无处不在。失败了要再振作，跌倒了要再爬起来。"要相信自己，不要因为自己的渺小就甘于弱小，也不要因为自己平凡就甘于平庸。"活在当下，善待每一天，走好人生每一步；快乐每一天，让每一天都精彩。

"天当棋盘星当子，谁人敢下？地作琵琶路作弦，哪个能弹？"我现在把这副对联略加改动，作为本文结束语：天当棋盘星当子，人人皆可仰望星空；地作琵琶路作弦，个个能弹人生壮曲。让我们仰望星空，志存高远；脚踏实地，走出精彩人生！

实在与吃亏

我上中学的时候，看过一篇文章叫《论实在人吃亏》，论点是实在人并不吃亏，文章列举了一堆事例进行说明。读后我也曾试着写实在人到底吃不吃亏的文章。

现在想来，实在与吃亏并没有必然的联系。我认为，人实在与否是一个人内在的表现，体现的是一个人的性格、品质、修养、境界；而吃亏与否说的是一个人是否善于审时度势、避免损失、抓住机遇、利用机遇。

实在人办事公道，心中有啥说啥，不留存什么，直来直去。举个例子，某公司招聘管理人才，很多大学生前去招聘。经理出了一道面试题：1+1=？看到这个题目，大家都惊呆了，这么简单的题目，经理一定别有用心。于是，大家都冥思苦想，得出的结论有3、10、100、成功、效率……并且说出了得出结论的理由，圆得天衣无缝。只有一人，面对经理的提问，口气肯定地回答："我看它就等于2。"经理问他为什么，这位应试者说："这个题目的结果就是2，我不会用五花八门的回答来卖弄我的智商。"经理最终选择了这位应聘者，原因就是经理认为这个人实在，不卖弄自己，敢于说真话。因为公司的声誉和发展离不开实实在在，实在是一个人必备的品质。

再举个例子，《三国演义》中的杨修，聪慧过人，才学渊博，经常能一眼看出曹操的用意，并直言不讳。可杨修却不知道，实在话也要看该说不该说，什么场合可以说，什么场合不可以说，他更没有考虑曹操当时想什么，需要什么。结果，杨修因为所谓的实在落了个狂妄自大之名，招来杀身之祸。导致杨修吃亏的原因，表面上看是他太实在，然而，他的不识时务、卖弄口舌才是他被杀的真实原因。

因此，做人要实在，还要看准形势，审时度势。说话不能信口开河，做事要讲原则，做一个聪明的实在人！

绝美的画卷

　　小时候，在小学课本中学过一篇介绍南京长江大桥的文章，至今记忆犹新。当时，有一个心愿，就是长大后一定要到大桥上走一走，领略一下它的雄伟和壮观。我曾两次到过南京，但由于时间关系或其他原因，都没能如愿。2011 年 7 月，到南京培训，要待十几天，时间充足，机会难得。7 月 30 日傍晚，听完报告，我们坐上公交车，直达南京长江大桥一端。

　　我们行走在大桥上，左看右看，上看下看，近观远眺，生怕漏掉一处风景。在桥上行走了好长一段时间，还没有看到江面，足以感到它的长度之长；此时向下看，十几层的楼房尽在我们脚下，足以感到它的高度之高。后来，终于看到江面了，由于当时天色渐晚，路两旁的灯光显得格外耀眼。江水有点暗淡，远处的轮船渐行渐远……我们的视线紧紧追随着它们，我们把它们拍摄下来，想永久保存下这美好的瞬间！

　　我们一直前行，大致到了江心，这里应是这座桥的最高点。我们在这里停了下来，捕捉着每一处壮观。我们扶着栏杆，向下俯视，滔滔江水，浪花飞溅，跳跃着，奔腾着，呼叫着，一直向前！抬头仰望，深蓝的天空，犹如滔滔江水，中间由灯光把它们相连。江天一色，形成一幅绝美的画卷！我们也成了这画卷中的一点，多么荣幸，多么难忘，多么令人留恋！极目远望，两旁的路灯犹如一条条金黄的丝线，把江南江北紧紧相连。桥上车辆川流不息，人来人往，目不暇接，不知这座桥一天的交通流量有多大，它为人类做出了多大贡献！此时，我们不得不为它的精神所折服、所震撼！

南京长江大桥，你是我多年的期盼。直到今天，我终于看到了你的容颜，领略了你的风范。你是我心中的明灯，指引着我永远向前——向前——

小事件，大问题

　　2011年12月23日早上8点半，有一个会议要开，我竟然迟到了。尽管有特殊情况，但我的心中仍然久久无法平静。

　　我常说，守时代表着一个人的原则，代表着一个人的素质，代表着一个人的责任观。今天，我为我的行为感到愧疚，我为我的行为感到不安。虽然，没有人批评我、指责我，但是我会在心灵深处做最深刻的检讨。

　　"入虚室，如有人"，一个人不管在什么情况下，都要做到有所为、有所不为，有所守，不欺暗室。即便房间里一个人也没有，一丝光线也没有，漆黑一片，也要自我约束。这是一种修养，也是一种境界。

　　小事件反映大问题，小细节折射大行为。细节反映出来的是思想，细节唤醒的是道德和正义，细节激起的是信心和勇气。我们正确对待一件件小事，用心去做一个个小细节，内心才不会愧疚，生活才会充实，工作才会有起色，人生才能变得更加精彩！

对联中的幸福

这几天天气颇冷，心想：这才是真正的冬天。

放假了，寒冷伴随着春节，春节火热着寒冷。好像只有这冬天的冷涩天气映衬着，春节才变得更有氛围，更有韵味。

春节这天，按照民俗，家家都要贴对联。我们这里贴对联也有讲究，即"贴七不贴八"，意思是说腊月二十八一般不贴对联，二十七、二十九、三十都可以。今年没有三十，大多数都赶到二十九这天贴对联，二十七也有，略早些。

春节这天特别忙，各家都要准备祭祀的贡品，以表达对逝去长辈的怀念，这成了农村过春节的一大亮点和特色。

记忆中，小时候能为大人们帮得上忙的，也只有贴对联、拿对联、递对联、抬桌椅，当时忙得不亦乐乎。

现在，我的孩子们渐渐长大，女儿、儿子成了贴对联的主力。看着孩子们跑前跑后，小手冻得通红，真有些心疼，望着孩子快乐的小脸，顿时一种幸福感涌上心头。孩子的快乐，就是我们的幸福。

捕捉瞬间

　　早晨五点钟，天还没有亮，接连不断的鞭炮声，把我从睡梦中叫醒。

　　农村的风俗，大年初一，都要起个大早。俗话说：起得早，过得好。起床之后，便是放鞭炮，下水饺。

　　在童年的记忆中，放鞭炮时鞭炮越响越好，响的时间越长越好。出去和小朋友玩耍时，还可炫耀一番，否则，心里就过意不去，脸上也没有面子。现在想起来，还真是可爱。

　　在记忆中，早起吃完水饺之后，还要生一堆火，有时被烟熏得直流泪。当时不知什么原因，现在想起来，可能有两个原因：一是天气太冷，为了取暖；二是一种希望和寄托，希望日子过得红红火火。现在，这个习俗取消了，因为条件变了，时代不同了，家家都改为暖气炉或空调取暖了，也就没必要生火了。

　　吃完水饺，天依然不亮。人们便走出家门，到街坊邻居家去拜年。按照我们当地的习俗，拜年都要磕头，表达对长辈的敬意和新年的祝福。今年，我特意准备了相机，准备随时捕捉这特殊的、难忘的、祥和的、美丽的瞬间。

"起得早啊？" "早早早！"

"拜年了！" "新年好！新年好！"

"磕头了！" "拉着！拉着！别磕了！"

……

在这些问候和欢声笑语中，新年在向我们招手，也渐渐地离我们远去……

又一年过去了……

人人都长了一岁……

走进大自然

　　冠县鸭梨历史悠久，据史书记载，早在汉武帝时期，就已名扬四方。冠县梨园堪称"中华第一梨园"。2012年4月4日，孩子写完作业，我们一家决定前去，一览梨园胜景。驱车大约一个半小时，便到达了梨园景区。

　　景区以具有300多年树龄的"梨树王"为中心，分为梨王宫、结义园、梨仙居、百草园、亲情园、观花园、御宿园、吉祥园、养生园、贡梨园、林间娱乐园、寒露寺遗址、群梨荟萃园等十三个景观单元。其中观花园建有三层16米高的观雪台，登台极目远望，万亩梨园尽收眼底。百余米长的栈道似一道彩虹，飞架在梨树丛中。漫步栈道上，人在花中走，果在身边垂，仿若置身仙境，让人心醉神怡。六十多个各具特色的景点，彰显着"中华第一梨园"的风采。

　　遗憾的是，我们来得太早，花期未到，无法感受万亩梨花开放的盛景。我们只好欣赏百年老树那苍劲的枝干，以及枝干上含苞待放的花骨朵，感受梨花即将开放的一种内在的力量！

还好，有几棵杏树看我们来得早，花儿你争我抢，竞相开放。此时，我们可以想象到，梨花开放时的壮观。那定是：

千树万树梨花开，白雪覆盖万里白。

不知是春疑似冬，花香催人梦中来。

雪花

　　雪花，中午时飘飘落落，悠闲地来到人间。也许是来迟了，雪花落到哪里，都带着一种渴望、一种兴奋、一股高兴劲，氤氲着一种幸福！

　　整个下午，天灰蒙蒙的。雪花像赶集似的聚拢来，也许大地在召开一次盛会吧？它们都怕迟到了。

　　一直到天黑，也不知是什么时候，总算召集齐了。此时，地上早已洁白一片。即便是晚上，也显得那么明亮。

　　第二天，也许是昨天兴奋地赶路的原因，它们都累了，躺在地上睡大觉，一动不动，依然那么洁白，那么明亮！

梦境

　　有人说，"人生最累是中年"。

　　晚上，我做了一个梦，梦见自己头发白了许多。我捧着镜子，端详自己，心情焦急而复杂，既担心又害怕。什么时候我的头发变白了？老了吗？我才四十多岁呀！操心过度吗？好像并没有太多烦心事呀！压力过大吗？工作、事业、生活压力再大，也不至于白了"中年头"呀！我彷徨、无奈，甚至有点不敢见人，恐惧万分！

　　在恐惧和焦虑中，我猛然惊醒，原来这是一场梦。我心情略感轻松，暗暗庆幸是一场梦。为什么会因为白发而如此焦虑和恐惧？是因为害怕老吗？人都会渐渐变老，这是自然规律。那又是为什么呢？思来想去，也许我还没有做好变老的心理准备吧。是啊，世间很多事都是在你没有做好准备时就来到了，意料之外、意想不到，在生活中太普遍、太平常了。

　　所以，要时刻准备着，不管大事小事，不管好事坏事，该来的总归要来，沉着、冷静、机智、无畏，是我们战胜挫折的法宝！

寄园小记

寄园不大，风景优美，名气不扬，知者有谁？只为旧址，岁月不重来。现为长椿苑，非游览胜地，供人小坐休憩，闲来散步。

我曾多次停留，不肯离去，只为享绿之美、荫之凉，随心所欲，与虫为伴，和树相依。

一曲珊瑚颂，唤起往日回忆，那时年轻幼稚，傻里傻气，却也刻骨铭心，难以忘记，不知当时为何，只留今日叹息。

静坐已久，直到夜色降临，路边灯火辉煌，园中人儿渐渐离去，才如梦初醒，起身回眸，竟恋恋不舍，不知何如？

然现实所迫，我有我需，怎能总置身美景，陶冶身心？世间事烦琐无常，不容逃避，真诚面对，自然心中无愧。

说自己

当我觉得自己没什么了不起，有奋斗的意愿，才有机会继续往上提升；当我觉得自己很了不起，没有了奋斗的意愿，可能会错失很多发展的机会。

摆正自己的位置很重要。正确地认识你自己，了解自己的优缺点，不要把自己贬低，也不要抬得太高。因为抬得越高，摔得越惨。

要时刻保持一颗谦虚、包容的心。斤斤计较只能内耗于鸡毛蒜皮的小事，虚怀若谷方能成就大事。一个懂得感恩的人必然是谦虚的，因为骄傲的人总是狂妄自大，自以为比别人杰出、无所不能，并且认定一切成就都是自己努力得来的。只有谦虚的时候，我们才会退后一步，去反思自己的优缺点。了解缺点比了解优点更为重要。

我们要保持谦虚，学会宽容，学会原谅。因为没有什么大不了的，没有什么过不去的。

谈崇拜

　　看到一句话："崇拜本身有一种提升自己的力量，因为人在崇拜时会自动修正自己的行为，向崇拜的对象看齐，从外表的行为，内化到思想，一步一步逐渐深入，这就是崇拜英雄的阶段。"有崇拜对象的年轻人，往往会几年更换一个崇拜对象，以便自己不断地成长；而缺乏崇拜对象的年轻人，往往会感到茫然。好比赛跑，第二名及其后的有第一名作为超越的目标，因而信心十足，勇气倍增，而第一名却因找不到可以超越的对象，有时会出现焦急、担心、恐惧的情绪，而乱了自己的步伐。

　　记得我刚毕业参加工作时，单位派我到外地学习，我与五莲县教研室的几位工作人员住在一起，当时我是乡中心小学的一名教师，我好羡慕他们，甚至崇拜他们可以通过努力调入县教研室工作。能到县教研室工作，对那时的我来说是一种奢望，可望而不可即。带着这种羡慕和崇拜，我探索着，努力着，追求着。虽然到现在我也未能如愿，但这种羡慕、崇拜给我带来了莫大的力量，我对自己严格要求、不甘落后。如今，当年的那种向往、崇拜、渴求渐渐淡漠了，也许是经过时代的变迁、岁月的洗礼，我又有了新的向往、新的崇拜、新的渴求。

　　崇拜是一种向往，一种追求，一种动力，一种催人上进的力量。希望我们每个人心中都有自己崇拜的对象，并且随着境况的变迁，随时调整自己的崇拜对象。让我们时时心存向往，时时充满力量。

谈情感

　　人是有感情的动物。只要在社会中生活，与形形色色的人打交道，人就会产生各种各样的情感。每个人都会有各种情感，我们没有必要刻意压抑自己的情感表达，在外人面前假装冷漠。

　　当我们看一部电影或听一场报告时，有时看到或听到精彩动人的片段会潸然泪下。有的人认为，在公众场合流泪是不成熟的表现，会因此觉得不好意思。其实这种想法完全没有必要，因为这正说明你是一个情感丰富的人，一个善良的人，一个心怀感恩的人。让情感恰当地释放出来，生命才丰富多彩、充满活力。

　　人的情感世界既丰富又复杂，"剪不断，理还乱"是常态。我们有时甚至自己都无法厘清自己的情感。有的情感是积极的、正向的，有的情感是消极的、负面的。因此，我们无须刻意压抑自己的情感，也不能随意放纵自己的情感，其中要有一个度。正如《中庸》中所讲，"发而皆中节"，意思是（喜怒哀乐的感情）发生了，但都能适中且有节度。当然，适当控制自己的感情，并不是要时刻压抑自己的情绪，控制情绪是一种能力、一种把握、一种学问、一种境界。

　　生活和工作中皆如此，该释放情感时尽情释放，让自我情感得到充分的表达，发挥到极致，才能无怨无悔；该冷静时必须冷静，理性地思考问题、分析情况，才能客观地、果断地解决问题。

小幽默，大气场

我不是一个幽默的人，但是我试图或者努力把自己培养成一个幽默的人。因为，幽默是生活的调味剂、工作的润滑剂、家庭的黏合剂、对立的消融剂、尴尬的缓释剂。下面就说一下幽默的力量。

一 幽默包含宽容

有一次，泰戈尔收到一位姑娘的来信："你是我敬慕的作家，为了表达我对你的敬仰，我打算用你的名字命名我心爱的哈巴狗。"

泰戈尔回信："我同意你的打算，不过在命名之前，你最好和哈巴狗商量一下，看它是否同意。"

泰戈尔是如此的宽容，他的回信饱含智慧。

二 幽默展现智慧

有一位顾客在一家餐馆进餐，吃到一半时，他突然高喊："服务员，快来呀！"在场的人都吃了一惊，当服务员来时，他微笑着朝饭碗指了指说："请帮我把这块石头从饭碗里抬出去好吗？"

三 幽默可以冰释前嫌，化解怒气

两辆车在狭窄的桥上"对峙"，卡住了。

一方从车窗探出头来喊："对不起，我从来不会为一个白痴倒车！"

对方回应："没关系，我已经习惯于为白痴倒车！"

四 幽默可以打破僵局

原民主德国将领乌戴特将军患了秃顶，一个年轻的士兵不慎将一杯酒全洒到了将军头上。

将军拍着士兵的肩膀说："兄弟，你认为这种治疗会有作用吗？"

五 幽默可以化解尴尬的气氛

幽默家兼钢琴家波奇，有一次在美国弗林特城演奏，发现全场上座率不到五成。他走向舞台，对听众说："弗林特这个城市一定很有钱，我看你们每个人都买了三个座位的票。"

六 幽默可以缓和听众的情绪

艾森豪威尔在哥伦比亚大学任校长时，一次轮到他最后演讲，时间不早了，听众情绪有些波动。艾森豪威尔决定放弃原来的演讲计划，他站起来对听众慢慢地说："每篇演说不论其形式如何，都应该有标点符号，今天我就是这场演说的句号。"说完他坐了下来，结束了演讲。这时，大厅里响起了雷鸣般的掌声。

（七）幽默可以补救错话

在一次聚会上，一位男士为了引起对面女士的注意，于是说道："见到你很高兴，你丈夫怎么没来？"

"对不起，我还没有结婚。"

"噢，明白了，你丈夫是个光棍。"

（八）幽默可以改善夫妻关系

老张夫妇与老王夫妇一块吃饭。饭后，张太太剥了一个橘子，果肉有些干，便对老张说："这个橘子太干，你帮我吃一半！"老张不高兴地说："不好吃才给我吃呀！"

王太太也剥了个橘子，同样有些干，便拿了一半给老王说："这个橘子太干，我替你吃了一半，剩下的你自己吃吧！"

（九）幽默可以扭转局势，摆脱被动

在一次联合国会议休息时，一位发达国家外交官问一位非洲国家大使："贵国的死亡率一定不低吧？"

非洲大使答道："跟贵国一样，每人死一次。"

（十）幽默可以展现非凡的魅力

斯库特去拜访一位女性朋友，女佣告诉他："十分抱歉！小姐要我告诉你，她不在家。"

斯库特说道："没关系，你就告诉她，我并没有来过！"

思考

这几天，光读书没写字，我自认为这样不是好同志。为什么会出现只读不写的情况，是手太懒，事太多，脑太笨，还是其他原因？

应该是思考得太少！没有经过思考的读书收获不大，没有经过思考的生活仿佛也没有了意义。

一个人经过思考，把事情做得很好，我们会佩服他的专业；一个人经过思考，讲话得体，我们会羡慕他的能说会道；如果一个人（比如诸葛亮）能通过思考，对未来的事情了如指掌，我们会发自内心敬佩他的推理能力。

"松耐寒而无花，竹青翠而无香，菊经霜而不受雪，兰多香而少坚。唯梅有色有味，经霜耐寒，寿比松柏，香胜幽兰。"如果没有思考，哪来这等美丽词句？

"思想是管方向的，做什么，怎样做；品德是操守，要能把握住自己，处理好公与私、个人与事业的关系；意志是坚持力、毅力、攻坚能力。"没有思考，又哪来这么精辟的论述？

　　"幸福在于享受今天。昨天已过去，再为此烦恼也是徒然；明天还没有到来，杞人忧天也是枉然；面对今天，把握今天，享受今天。"没有思考，又哪来这种活在当下的从容心态？

　　所以，我们不能停止思考，停止思考意味着生命的颓废。只有好学深思，才能心知其意，才能指导行动，才能有所创新。

说说"节约"

从小学写作文，"节约"就是一个常见的话题，"静以修身，俭以养德""节约莫怠慢，积少成千万""由俭入奢易，由奢入俭难""成由勤俭破由奢""勤能补拙，俭以养廉""每天节约一滴水，难时拥有太平洋"等等，这些名言警句无时无刻不在激励着我们，鞭策着我们。

但是，在生活中我们真正做到了吗？能时时刻刻这样要求自己吗？

在家里，节约用水、节约用电、节约每一粒粮食，也许在某个细节我们做得很好，但在每个方面、时时刻刻都保持节俭，也许我们还没有做到。

在单位，像节约用水、节约用电、节约纸张，这些看似很小的事，却更能考验一个人的素质和品格。一个视单位为家的人不会浪费，素质不会很低。

在社会，如果人人能做到节约用水、节约用电、节约粮食这些细微的事，折射出的是社会的文明、人类的进步。

以小见大，积少成多，聚沙成塔。节约，获得的是品德和文明；浪费，丢失的也是品德和文明。

落叶归根

　　权利、荣誉，都乃身外之物，过分追求，就会迷失自我。所以，只有摈弃浮华，减少欲念，才能心安理得。这正是"虚其心，实其腹"的道理。

　　通过排除心灵上的杂念，即内在的私欲和外界的干扰，达到人的本性的复归，这是一种人生修炼。复归就是"归根"。嫩芽新出，枝繁叶茂而成参天大树，最终还是落叶归根，重归于泥土，然后破土而生，开始新的轮回。根是草木生长的开始，是一切事物的起点。人"归根"之后，便可知晓自己的天性，明白自身的局限，从而抑制非分之想，戒除焦躁之念。这不仅是人生的修炼，也是对人生的态度。

　　草木轮回，人亦如此，事亦如此。"物壮则老"既是自然界动植物的规律，也是社会、人生、事物发展的哲学。

　　保持良好的心态，知足常乐，顺其自然，实在是一种美好的境界！

高三之音

　　应女儿班主任之邀，今天上午我作为家长到她们班监场，体验了一下高三生活。

　　坐在教室里，感受着他们青春的气息，此刻的我也好像成了他们中的一员。

　　这也令我自然而然地想起了我的初中时代——那天真、浪漫、充实、紧张、有序的难忘时光。

　　那时，学习有时是一种无形的压力，让人想逃避；有时是一种内在的动力，使我对生活产生一种追求和向往；有时是一种快乐，让我体验一点一滴成功的喜悦；有时是一种幸福，投入进去，可以忘记世间纷扰。

　　回到现实中，教室内是如此安静，偶尔听见翻纸张的声音，那么清脆、那么熟悉、那么亲近，他们翻过的是高山之音、流水之音、成长之音。

　　高三了，他们都长大了，但他们还是孩子，他们需要关怀，需要体贴，需要理解，需要鼓励。他们个个坚强，个个信心满满，再重的东西也压不垮他们的身体，再苦的生活也磨灭不了他们坚强的意志，再大的压力也摧不毁他们持之以恒的精神。

我没有上过高中，时常以此为憾。今天，坐在高三的教室里，我感到我的心灵得到了弥补。我和自己的女儿同在一所教室里，同学习，同思考，她做题，我习作，我变成了她的同学。教室里还有那么多叫不上名的同学，我坐在这里，从他们的目光中，我感觉到他们已经接纳了我这位新来的"同学"，虽然我和他们相处仅仅一个上午，短短的几个小时。这短暂的时光对于我是那么的珍贵，他们沉浸在知识的海洋里，我陶冶在无际的想象中，这不正是心与心的相通和共鸣吗？

闲暇时，我总爱回忆以往的点点滴滴。尤其是学生时代，一生中最值得回忆的时候，虽苦犹乐，那里印记着我们的青春，印记着我们的成长，印记着我们的追求和理想。他们正处在这个阶段，也许他们此时还不会有如此感觉，我只能在内心衷心地希望他们珍惜当下，抓住机遇，奋力拼搏，自强不息。

八里沟即景

八里沟的景色确实很美！

八里沟的山美，不造作，不拘泥，自然，协调，既有阳刚之气，亦有温柔之感；八里沟的树美，绿色覆盖，枝繁叶茂，清新，舒适，既有高树参天，亦有芳草萋萋；八里沟的水美，有声，有情，有景，有势，既有山涧溪流，亦有瀑布高悬。

走进八里沟，我们一路欢笑、赞叹，我们完全融入大山里，和她一起欢呼，一起歌唱。听，一声呼喊，大山回音，那是心与心的相通；再听，一曲高歌，大山唱和，那是世间绝美的音乐。我们踩着台阶，顺着水流，与山手牵手，与水肩并肩，共同欣赏，共同感受。

先说这里的山。在绿树的环抱下，在清水的衬托下，显得格外清秀。虽说不显太高，却也有挺拔之势。有的还奇特无比，看上去像老者，像顽童，像动物蹦跳，像小鸟展翅，栩栩如生，活灵活现，令人神往。

再说这里的树。这里有一棵"百合树"，象征着百年好合、白头偕老，是伴侣们拍照的好地方。树上挂满了红绸布，也许是一种希望和寄托吧。我和妻好不容易排上号，也拍了一张，作为纪念。还有一棵树，叫"救帝桑"，相传汉朝时，王莽篡位，到处捉拿刘秀，刘秀逃到八里沟，又累又饿，倒在一棵树下昏死过去。第二天，山风吹来，一粒又凉又甜的桑葚落到刘秀口中，原来他倒在了一棵结满果实的桑树下，是这棵桑树救活了刘秀。刘秀当了皇帝之后，不忘桑树的救命之恩，立即派人到八里沟，给桑树挂金牌，封为"树王"。后来，人们就把这棵桑树称为"救帝桑"。看来，这里的树也是有灵气的。

最后说一下这里的水。真可以说是水连山、水连地、水连天，最有代表性的应该是太行天河瀑布了。"还没看到瀑布，先听到瀑布的声音"，原来只是在书本上读过，今天算是身临其境，亲身感受到了。后来，瀑布终于露出了真颜，远远看去，像一条白丝带飘落人间，更像一条白龙直冲云霄。真可谓：瀑布千尺云峰落，白龙跃潭向天穹！我不禁停下了脚步，聆听着它的声音，感受着它的壮观。我不知用什么语言来描述，只好大声呼喊，希望每个人听见，听见我对它的赞叹，对它的爱恋！瀑布的下面是水帘洞，里面走一圈，真是别有洞天！水帘如疾风骤雨、似万马奔腾，透过水帘看群山，群山显风姿，水帘遮羞颜。谷底是一潭清水，由瀑布和蓝天紧紧相连，构成一幅山水结合、动静相生的天堂画卷！

　　这就是八里沟的山，八里沟的树，八里沟的水！

情定千岛湖

第一次到千岛湖，心中的感觉是：自然创佳作，人间仙境处。

我们乘着徽源号，顺着新安江，欣赏着美丽的山水画廊。我们用相机不停地拍着，生怕漏掉一处风景。我们谈论着、赞美着、感受着、陶醉着，不由得为大自然的魅力所折服。真想大声呼喊，让青山回应；更想放声歌唱，让绿水伴奏。相信这来自大自然的音乐，定能倾倒所有观众。我灵机一动，就用一副对联来描述此时的感受吧：天山水一色，人舟情齐飞。

船行了大约4个小时，我们到了千岛湖中的一座小岛——梅峰岛。尽管天很热，但改变不了我们登上峰顶的决心。站在梅峰顶上向下望，绿水把群岛相连，群岛手牵手，如天上的云彩飘落湖间。在绿树的映衬下，水显得那么清澈，在绿水的倒映下，树显得那么青翠。此时，站在梅峰顶上感受，真可以说是沉醉而动荡、热情而奔放。回来时，我们选择了滑草，新鲜而刺激。虽是第一次感受，内心有些惧怕，却也显示出一种接受挑战的勇敢。

　　之后，我们又到了月光岛、鸟岛，我心中涌出一句话：游览人间仙境，情定千岛佳湖。

　　从千岛湖游览回来，已有两月有余，由于工作的繁忙，千岛湖的模样在我的记忆中模模糊糊，当时的那种兴奋、冲动和感叹已经渐渐抚平，我悔恨自己没有把当时的感受及时记录下来，只好从电脑上翻开照片，重温千岛湖画面，补上那美丽的一页。

华东师大的早晨

2011 年，我有幸在华东师大学习了一段时间。华东师大的校园是美丽的。学习期间，我坚持每天早起，在校园内散步、跑步，不仅仅为了锻炼身体，更是为了呼吸新鲜气息，寻觅、欣赏其内在的美。

7 月 13 日早晨

第一次漫步于校园的林荫路，我一边走，一边欣赏，一边赞叹，也许是工作久了，有一种"别有一番滋味在心头"的感觉。我不走大路，专走弯弯曲曲的小路，华师的一草一木，触手可及。在这里，我轻轻地抚摸它们的茎、枝、叶，这是一种怎样的感觉？这是一种贴近大自然、融入大自然的感觉。这个校园绽放着一种自然美、和谐美、幽静美！

7 月 14 日早晨

再一次漫步在校园里，顺着沿河的林荫路，走着走着，遇到两位老人，他们对校园应该是熟悉的。我跟随着他们，跨过一座小桥，转过两个弯，穿过一个栅栏，相信前面定会有一番美景映入眼帘。谁知道，两位老人径直向一栋别墅走去，回家了……我一个人愣在那里，回过神来，却找不到原来沿河的林荫路。这时我才明白，是我直走直走，误入户家别墅，无奈，退步退步，赶紧找回原来的路。

人生何尝不是如此，谁都有走错的时候，即使你不愿回头，也要退上几步，才能不迷失方向，重新找回原来的路。

7月16日早晨

天上下着蒙蒙细雨，我在雨中穿行，同样的风景，异样的感受。

不知什么时候，我停了下来，站在一棵树下，盯着叶上的小雨珠，那一颗颗雨珠呀，蠢蠢欲动，晶莹剔透，我用手轻轻地敲一下树枝，任凭雨珠洒落在我的头上、肩膀上、脖子上……顿时，我像洗了一次"纯露浴"，浑身轻松、愉快，凉凉的、爽爽的……

7月17日早晨

雨又下起来了，我没有因为下雨而贪睡，而是与天空为伴，与细雨为伴，与树林为伴，与小鸟为伴。我闭目而立，做深呼吸，尽可能地让自己静下来，用心聆听大自然的每一串音符。

此时此刻，我已完全融入大自然的怀抱，分不清哪是她的，哪是我的了！现在我真的为还在床上贪睡的人们感到遗憾，同时，也为自己之前的懒惰而叹息！

7月18日早晨

看到一池的荷花，争相斗艳，我惊呆了，连忙拿出相机，不停地拍着……此时此刻，真想跳入荷花池中，与她们一起生长，一起开放，与蓝天为伴，与白云相依，与小鸟歌唱……

7月19日早晨

蒙眬中，一曲美好的音乐把我唤醒。我顺着音乐一路跑去，见一位退休的老教授在树下吹奏口琴，音调、动作、感情，都发挥得淋漓尽致，达到了一种美妙的境界。

围观的人越来越多，也许是被他的琴声感染，随着琴声，大家不约而同地唱了起来、跳了起来……我也听得入了迷，听着听着，我惊奇地发现，他吹奏的哪里是一串串音符，吹奏的分明是一种快乐、一种幸福、一种满足、一种对生活的态度、一种生活方式、一种美丽的人生！

7月20日早晨

有一种感觉叫欣赏，只有你慢慢地静下心来，细细地品味，才能感觉到它的味道；有一种感觉叫快乐，只有你用心去体会、去享受，才能感觉到它的幸福；有一种感觉叫充实，只有你学会了欣赏，享受了快乐，生活才会变得真正充实。

在小河边，偶遇一老翁，一手提着袋子，一手拿着长竿，不时在河里捕捞什么。我怀着好奇的、试探的心情，礼貌地问了一句，才知道他手中袋子里提的尽是小鱼小虾……哎呀，这捕鱼捉虾的感觉，不也是一种欣赏、一种快乐、一种充实吗？

第三辑
书中清水

生命因阅读而丰厚，心灵因真情而感动。读书可以丰富人的头脑，交流可以让人取长补短、明辨是非，写作则可以让人有所思、有所感、有所悟。

英国著名哲学家、科学家培根说："求知可以改进人的天性""知识能塑造人的性格"。书中的文字如清清泉水汩汩流淌，让我们多读书，勤思考，常感悟，时刻保持求知的状态，追寻真理，启迪智慧。

不忘初心，牢记责任

——读《校长工作"十个早"》有感

　　读了《校长工作"十个早"》一文，感触颇深，一个词在内心涌动，那就是"责任"。

　　作为校长，要"天天早到校"。这让我想起了一句话："校长要做'闹钟'——通过敲打自己去提醒别人。"只有自己以身作则、率先垂范，才有资格去说服别人、引领别人，才能创造和谐气氛，才能让自己融入群体，才能形成团结向上的凝聚力量。

　　校长要责在人先，利在人后，要求别人做到的，自己首先要做到，禁止别人做的，自己坚决不能做，做到"己所不欲，勿施于人"。对教师应多一点宽容，多一点关爱，多一点平和的心态。要关注每一位教师，要关心他们的生活，耐心倾听教师的呼声，热心为教师排忧解难，诚心为教师办实事、办好事，才能让教师充满信心地工作。真正的教育既是以人为本，更是以心为本。只有这样，才能改变教师的状态，使每一位教师都变得有活力，展现教师的阳光姿态。

　　作为校长，要"工作早计划，任务早落实"，心中有责任，让教育因我而精彩。

作为一名校长，要把自己的身心全部献给学校，时刻不忘学校的发展，经常思索，经常研究，只要是有利于教师教、有利于学生学、有利于学校发展的，都要去尝试，去体验，去探索，去实践。要给自己列一张清单：1.我的问题在哪里？ 2.我的打算是什么？ 3.我为什么要达到这个目标？ 4.我目前的状况是什么？ 5.我要克服哪些障碍？ 6.我需要哪些知识？ 7.我需要哪些人的帮助？ 8.我的行动计划是什么？每天都要思考这些问题，然后落实到行动上，工作的关键在于落实，在于行动，再好的赞美语言，也赶不上行动。这就要求在教育管理中关注细节，每天列出计划，拟定工作表，先做重要的事，做好简单的事。例如，每天听一节课，关注一名困难学生，观察记录学生的言行，捡起地上的废纸，拧紧门上的螺丝钉……

精心是态度，精细是过程，精品是结果。有了正确的态度，就要推行精细化管理。老子曰："天下难事，必作于易；天下大事，必作于细。"首先，要从小事入手，对每个细节都精益求精，做到事事有人管，时时有人管，处处有人管，变一人操心为大家操心，实行民主管理，并且做到事事有检查，时时有计划，事事有总结；其次，注重过程管理。工作的每一个步骤都要用心、细心、精心，每一个环节都要精细，争取每一项工作都是精品；第三，要突出个性化。大胆创新，力求特色，学习别人好的做法，但是不能简单地拿来就用，要学会创造性地运用。

作为校长，"信息要早索取，经验要早总结"，最关键的要多读书，多学习，多思考。

读书既要博览群书，也要有针对性，有选择性。作为一名校长应阅读哪类书籍呢？经典文学、教育理论、学科教学、教育随笔、教育故事、社会哲学、企业管理等，以上各类书籍，都要细细品味。作为校长，要善于思考，写反思，写教育随笔，写教育感悟。"学而不思则罔，思而不学则殆"，牢记古训，牢记责任，定有所获。作为校长，要善于交流，要学会与人分享，要善于倾听，实现相互学习，相互促进，相互提高。读书使自己受益，思考使自己成长，分享使自己提升。读书的过程就是与世界交往的过程，是一个从狭隘走向广阔的过程；交流的过程也是分享的过程，是一个快乐的过程。

作为一名校长，就要不忘初心，牢记责任和使命，不愧于教育，不愧于人民，用自己的思想和行动来证明。

读梁漱溟《人生的艺术》

"人生的意义在创造！人类为何能创造，其他的生物为何不能创造？那就是因为人类会用心思，而其他一切生物大都不会用心思。人生的意义就在他会用心思去创造；要是人类不用心思，便辜负了人生；不创造，便枉生了一世。"

——《人生的意义》

感悟：工作要用心思，生活要用心思，学习要用心思，做事要用心思。作为一个人，就要善于用心思，学会思考，学会领悟。只有这样，才能创造人生价值，人生才有意义。成己亦成物，成物亦成己。

"'自觉的尽力量去生活'……此话可以包含一切道理：如'正心诚意''慎独''仁义''忠恕'等，都是以自己自觉的力量去生活。"

——《三种人生态度》

"一个人缺乏了'自觉'的时候，便只像一件东西而不像人，或说只像一个动物而不像人。'自觉'真真是人类最可宝贵的东西！"

——《吾人的自觉力》

感悟：自觉是一种行为，一种习惯，一种品质；尽力是一种态度，一种方法，一种能力。能自觉尽力地去工作、去生活，人生才有意义。

"我觉得每人最初的动机都是好的，人与人都是合得来的，都可以相通的。不过同时每一个人亦都有些小的毛病。因人人都有毛病，故让人与人之间，常有不合不通的现象。"

——《我的信念》

感悟：使你走向成功、成就你的人往往是你的敌人，是你最为讨厌的人，是你的对手。相信每个人都有好的一面，与你发生争吵的，有很多是你最看重、关系要好、与你亲近的人。所以，不要轻易地把对方的毛病扩大化，多一点理解，多一点信任，多一点宽容，因为人心都是可以相通的。

"如果力量没有尽到而搪塞饰掩，这是虚伪；如果力量没尽到而把懒惰摆出来给人看，这便是无耻。"

——《如何才能得到痛快的合理的生活》

感悟："尽力而为"这个词应该说是人的一种品质，一种素质。工作不能尽职尽责、尽心尽力，表面上加以搪塞和掩饰，这个人是一个虚伪的人；工作不能尽职尽责、尽心尽力，别人指出来，却还振振有词、自恃功高、不知羞耻，这个人就是一个无耻的人！

"兴趣所在，冷亦不怕，饿亦不怕，什么危险亦不怕，什么辛苦亦不怕。"

——《在吾人一生中的青年期》

感悟：兴趣很重要。我们做老师的不能只教育学生学习，还要培养其兴趣。其实，我们工作、生活、做事都需要兴趣。没有兴趣就没有激情，没有兴趣就不会干得起劲，成效也就不大。所以干什么都要高高兴兴地去干，痛痛快快地去干，带着兴趣去干，才能知难而进，才能攻坚克难！

"如何把自己的生活，安排的顺顺当当，就不容易。假如此人是资质很平庸的，他自己内心的矛盾冲突或许少；这个意思就是说他还好办。若是资质很聪颖的人，他自己有点才气，其问题就越复杂，越难办！"

——《忏悔——自新》

感悟：我们大多是有思想的人，否则，就不能胜任教师这一职业。有思想，资质就不是平庸的，很多是有才气的。然而，把我们的生活、工作都能安排得顺顺当当，是一件非常不容易的事！那么，就要学会"忏悔"和"自新"，只有"忏悔""自新"才能解决这个问题。

"懈或散懈，是一种顶不好的毛病，偶然懈一下，这事便作不好，常常散懈，则这人一毫用处没有；社会上也不会有人去理他。"

——《心理的调整》

感悟：我们不能做一个"散懈"的人，做什么事都要认认真真，不能有丝毫应付，不能存有得过且过心理。"散懈"是一种病态的外现，"散懈"久了，身体就会真的出毛病。这也许就是累并快乐着的真正含义吧！比如干农活，一开始懒得去做，甚至有点畏缩，一旦做起来，遍身出汗，活干完之后，心里反倒觉得异常痛快；做事情干工作也是这样，开始做时，异常困难，经过努力，完成之后会有一种成功、解脱的感觉。所以，给予是一种快乐，付出亦是一种快乐！

"人不能交高尚的朋友，在社会上很难得到较好的地位，而自己的趣味好尚不高时，也很难交得较好的朋友。"

——《朋友与社会信用》

"朋友相信到什么程度，关系的深浅便到什么程度。不做朋友则已，做了朋友，就得彼此负责。交情到什么程度，就负责到什么程度。"

——《朋友与信》

感悟：要想交高尚的朋友，首先自己要高尚，提高自己的趣味，提高自己的品位。朋友之间，贵在讲信，信得过，靠得住。

"怎样的错，总还有一点对；没有一丝一毫的对，根本没有这回事。任何错误意见都含有对；较大的真理是错误很少，最后的真理是错误的综合。错就是偏，种种的偏都集合起来，容纳起来，就是真理。"

"最有学问的人，就是最能了解错误来源的人；有最高见解的人，是能包括种种见解的人。"

"真理是通天下之见，是一切对或一切错误的总汇。"

"圣人对人都有同然……圣人完全了解他，所以同然。圣人与天下人无所不同然……他对于各种意见都同意，各种错误都能了解。"

——《真理与错误》

感悟：对与错是相对的，是融汇的。不要轻易地认为别人的意见是错误的，将其拒之门外，也许正是别人的错误意见，恰好能纠正你的错误行为。

如何阅读一本书？

有时候读书读着读着，思绪不知飞到哪儿去了，眼前满是文字的书页简直是一片空白。这种现象时有发生，这个时候你的心里一定有什么缠绕着，令你放不下。当然，你也可能一时说不出有什么事，关键是你的思想存在杂念，哪怕是一个小小的物件，也可能干扰你的情绪，最终令你不能静下心来，深入进去。这个时候不要硬着头皮读，否则就是浪费自己的时间。此时应该寻找自己感兴趣的东西，哪怕是听听音乐、打打篮球、说句笑话，甚至还可以打个盹儿。

有的时候读书读着读着，肚里感到饿了，抬头一看表，一晌不知不觉间过去了，这个时候是阅读的最佳状态，说明你已经完全沉浸在书的海洋中。此时可以吃点东西，即便是粗茶淡饭，也胜似山珍海味。阅读到这种状态时，一定要拿起笔来，想到什么都要记下来，一旦开始动笔写，文字就好似小溪流水般自然流淌，此时正是你创作的最佳时机。

有的时候读书读着读着，心情烦躁，精神上感到很压抑。这种现象也很正常，可能是你不感兴趣，可能这本书根本不适合你，也可能这本书太深奥超过了你的阅读能力。我觉得出现这种情况，手里的书放到一边，如果你不想把它放在一边也可以，你可以随便翻翻，在书中寻找你想看的内容，当然找到找不到都无所谓，因为这总比烦躁压抑好上百倍千倍。

有时候读书读着读着，觉得不知道的东西太多，感到自己很无知。这正应了英国剧作家萧伯纳说过的一句话："好书读得越多越让人感到无知。"好书读得越多，就会觉得自己太浅薄，知道的东西太少，需要学的东西太多太多。相反，读的书少或不读书的人往往以为自己知道得很多。知识的海洋是无穷无尽的，"吾生也有涯，而知也无涯"。

有时候读书读着读着，又想起了另几本书，于是在书架上找来找去，都想读，又不知读哪本好，恨不得一下子把所有想读的书都读完。有了这种想法，是好事，但是是错误的。说是好事，那说明你有了主动阅读的意识（还不是习惯）；说是错误，那是说明你在犯读得越多就越好的观点的错误。我们一定要避免这样的错误，因为读书在通不在多。英国诗人亚历山大·蒲伯称这种人是书呆子，是无知的阅读者。希腊人给这种集阅读与愚蠢一身的人一种特别的称呼，叫"半瓶醋"。所以，我们一定要克服、纠正和避免这种错误。

还有一种现象，就是拿到一本书只看看封面，不加了解就埋头去读正文，往往书读不到一半就把它扔到一边，甚至心生后悔，自己不该在这本书上浪费这么多时间。怎样才能避免？这就要求学会有系统地略读或粗读。要养成略读的习惯，略读不用花太多的时间。拿到一本书，首先，要看书名，然后如果有序就先看序；第二，要研究目录，对这本书的基本架构做概括性的理解，这就像是出发旅行之前，要先看一下地图一样；第三，如果书中有索引，也要翻阅一下，了解一下这本书涉及的范围以及所提到的书籍与作者等等；第四，不妨读一下出版者的介绍；第五，挑选几个与主题息息相关的篇章来看；最后一步，把书打开来，东翻翻，西翻翻，念个一两段，有时候连续读几页，但不要太多。

最后说一下如何让一本书真正属于你自己。我总结了六个字：读下去，写出来。读书必须读出书外之意，才会有更大的收获。也就是说在阅读的过程中，把自己的所思、所想、所悟表达出来。一个好方法就是"在书上做笔记"。在书上做笔记其实就是在表达你与作者之间相异或相同的观点。做笔记有各式各样的方法，以下列举几种最常用的方法：1.画底线——在重点的句子下画线；2.在空白处做标记——强调书中的段落或观点；3.在空白处编号——在作者发出一连串的陈述处做顺序编号；4.在空白处记下其他的页码——强调作者在书中其他部分也有同样的论点；5.将关键词或句子圈出来——与画线同样功能；6.在书的空白处做笔记——这一点很重要，用自己简洁的语言概括书中复杂的论点，记下自己的看法和感悟。

总之，阅读是一门艺术，也是一种技巧。我们要养成阅读的习惯。习惯是人的第二天性，要养成习惯，除了不断地练习，别无他法。我们要让阅读的习惯如同走路、吃饭一样自然，那样，我们的第二天性就算得到了正常的发挥。

阅读，终身的承诺
——读高希均《阅读救自己》

"这本书告诉了我们如何阅读，如何工作，如何做人！只有通过阅读，才能拯救自己，拯救社会，拯救未来！这就是阅读的力量！"读完高希均教授《阅读救自己》，我在书的扉页上写下上面这段话。

"上天还是公平的，财富可以继承，学问则必须靠自己。有钱人还是有人羡慕，有学问的人，才值得尊敬。但是，做学问必须透过阅读。"所以，高教授勉励毕业同学：自己要永远觉得饥渴，觉得愚蠢；唯有这样，你才会不断地阅读，吸收新知识，减少疑惑。

尼克松说过："一个了不起的领袖必定是一个了不起的阅读者。"读书一定强，读书才不会输。

读书的目的是什么？回归本真还是好好读书，好好做事，好好做人，即读好书，做好事，做好人。作者进一步升华，提出"读一流书，做一流人，建一流社会。人生学习的起点，是读一流书；人生历练的过程，是做一流人；人生奉献的高峰，是构建一流社会。"立得准，站得高，看得远，乃真知灼见！

"读书是一种没有污染的消费和投资，也是一种没有污染的独享和共享。"读书在全社会都要提倡。财富可以独享，知识无法独占。相反，它会因为分享而引发心灵的共鸣，产生相互的激荡。

难怪，有位西方哲人这样说："当我有钱时，先买书，再买食物。"由此，我想起了我们单位推行的一项买书政策：每学期每位教师至少购买一本书，在学校进行登记，阅读完写一篇文章，再把它放到图书室，购书资金每学期期末时到学校统一报销。我原以为这项政策会激励所有教师积极阅读，遗憾的是，教师购书的热情竟不怎么高涨，有的教师竟然因没有时间阅读而没有去购买，有的教师甚至因为不愿意阅读而不去购买。出现这种现象，我有点无奈，因为他们还没有把阅读当成一种快乐，而是把阅读当成一种负担！这正应验了高教授提出的最令人失望的一个现象：最应当吸收知识的人，却没有时间去吸收；最有能力买书的人，却不肯花钱去买书。我不免再加上一句：即便你给他钱，让他去买书，他竟然还是不肯去买书！其实，这是个人的损失，是社会的悲哀。"任何远离知识的人，就走进无知。"我们远离阅读，不正是在一步步走向无知吗？

俗话说：听君一席言，胜读十年书。但这需要两个先决条件：一是要有真才实学的人肯讲；二是要有虚心上进的人肯听。两者交集，方能产生智慧的火花与共鸣。经济学家韩森教授对学生时代的高希均说过这样一句话："'口授的'怎比得上'写下的'来得严谨？"这句话深深地影响了作者做学问的态度。"读一本书影响会更持久"，"听君一席言，不如手中一本书"。

"如果把学习当作一种休闲，或者寓休闲于学习之中，则自己会一生受用不尽。"作者认为，"学习"比"休闲"更引人入胜。关于学习与工作和休闲的关系，高教授是这样界定的："学习"是一种乐趣，就等于休闲；"学习"是一种压力，就像某些工作。如果年轻时为了应付考试的学习，是一种难忘的梦魇；那么，再也没有这种压力的学习，实在是截然不同的解脱。前天，和一位老领导吃饭，老领导的一句话让我深有感触。这位老领导为了照顾身患重病的老伴，不得不时刻陪伴在她的身边。他说他买了好多的杂志、报纸、书籍，来度过无聊的时光。他说如果没有阅读，真不知道日子该怎么度过。这位老领导已经年近七十，他现在是把阅读当成一种生活的方式，与其说是在消磨时光，不如说是在充实生活，充实自己。这里面有他对生活的无奈，更重要的是他对美好生活的追求和向往。所以，我们应该庆幸：不再为应付考试而读书，不再为寻求就业而读书，也不为消磨时光而阅读。我们是为了享受而阅读，难道你不应感到很幸福吗？

作者提倡虚心的自问自答："我的专业本领够吗？我的外语能力行吗？我的沟通能力行吗……"读到这里，我不得不虚心地问一下自己：我的知识够吗？我的能力强吗？问完之后，我不得不再虚心地说一句：我的知识是如此的浅陋，我的能力是如此的低下，我简直就是一个愚笨的无知者，我学习的领域是那样的狭窄，涉及的内容是如此的粗浅，鉴于此，如果我再不发奋读书，真不知道自己将无知到什么程度！

是啊，如果现在不读书，什么时候读？如果自己不读书，又有谁可以替我们读？阅读让我们远离无知，走向智慧，走向富有。阅读，应该是终身的承诺。

君子与小人

——读王蒙《天下归仁：王蒙说〈论语〉》

"君子喻于义，小人喻于利。""见贤思齐焉，见不贤而内自省也。"孔子说得很好，与小人共事，只与其讲道理是没有用的，要给他指出利害关系，告诉他这样做的好处，小人才会有所动。同时，与小人共事，要时刻反躬自省，想想自己的欠缺，不要因小人卑劣的行为迷失了自己的方向。以小人为镜，才能使自己不成为小人。

我对于小人的行径深恶痛绝。做人要正直，做事要磊落，这是我的处世原则。我始终坚信这是正确的！

在单位工作，公心最重要。所以，只要是公事，就要从工作出发，不能存有半点私心，否则，伤害的是感情，分裂的是关系，造成的是矛盾，带来的是损失！

开诚布公、表里如一、襟怀坦荡、诚心诚意、言而有信、磊落光明……这些词汇创造得真好，可关键是我们如何做好！

所以，做人要文与质匹配，心与行如一，性与情相通，这也应是做人的原则。

俗话说，好人有好报，恶人有恶报，有时事实却不是如此。针对这种情况，孔子说："人之生也直，罔之生也幸而免。"意思是说，人生来应该是正直的，不正直的人也生存着，他们那是侥幸免于祸患而已。确实如此，邪不压正！正气永远会得到世人赞扬，邪恶永远会遭人唾弃！

千年东坡今犹在

——读林语堂《苏东坡传》

　　苏东坡一生多次被贬谪，但无论他走到哪里，都有追随者，都有他的至交，都有崇拜和敬仰他的人。走到哪里，他都不寂寞，他留给我们的永远是"心灵的喜悦，思想的快乐"。

　　苏东坡最快乐的时刻就是写作之时，他在写给朋友的信中说："我一生之至乐在执笔为文之时，心中错综复杂之情思，我笔皆可畅达之。我自谓人生之乐，未有过于此者也。"

　　苏东坡是与西湖分不开的。林语堂先生这样评价道："西湖的诗情画意，非苏东坡的诗思不足以极其妙；苏东坡的诗思，非遇西湖的诗情画意不足以尽其才。"苏东坡描写西湖的那首七言绝句是：

　　　　水光潋滟晴方好，山色空蒙雨亦奇。

　　　　欲把西湖比西子，淡妆浓抹总相宜。

　　苏东坡润饰了西湖，用至高无上的艺术渲染了西湖，让西湖不失其自然，却又超脱自然之上。

　　他在杭州期间，创办了"公立医院"，治理运河，修建水库，解决和改善居民的用水问题；着手治理西湖，增加了西湖的实用性，也增添了西湖的美；他着力于赈灾工作，提出"一分预防胜过十分救济"，注重预防，让百姓免于饥荒灾难。

他坚持己见，维持正义，与政敌挺身而斗，他力争"广开言路"，他在奏章里说，马生病，不能以言语表达，"人虽能言，上下隔绝，不能自诉，无异于马"。

他单枪匹马，奋战不懈，只身独自向朝廷腐败进军，他想从根本上改革国家的吏治。政敌向他发动攻击，他直言不讳，我行我素，不恨不怨。

他被流放岭南，仙居惠州。他摆脱名利，吃粗茶淡饭，纯洁的思想使他过着淳朴的生活。朝野一片乌烟瘴气，他无力回天，但他回归自然，山川河流，鸟语花香，向他召唤。在岭南，他和朝云的爱情进一步升华，把感激之情记之以文字，写诗赞美她，这些诗使他们的爱情化为高尚的友谊。朝云不久离他而去，他十分痛心，他把对朝云的爱记在墓志铭上，还特意为她写了几首诗词，其中著名的一首以梅花象征长眠地下的朝云，这首词是：

玉骨那愁瘴雾？冰姿自有仙风。

海仙时遣探芳丛，倒挂绿毛幺凤。

素面翻嫌粉涴，洗妆不褪唇红。

高情已逐晓云空，不与梨花同梦。

虽然把他流放岭南，朝廷仍然不打算放过他，再次贬谪，把他流放到当时的域外海南岛。生活更加窘迫，用苏东坡的话说，"此间食无肉，病无药，居无室，出无友，冬无炭，夏无寒泉……"即便如此，东坡诙谐依然，轻松依然。他不去怨天尤人，相反，他更加自由，无拘无束，以闲谈为乐，整理杂记文稿，写诗作画，闲哉悠哉！他说："我上可以陪玉皇大帝，下可以陪卑田乞儿，眼见天下无一不好人。"他很少恨别人，最多是不喜欢某些人。这就是胸怀，这才是大师。

林语堂先生如此评价他："苏东坡已死，他的名字只是一个记忆，但是他留给我们的，是他那心灵的喜悦，是他那思想的快乐，这才是万古不朽的。"

最后，赋两首《东坡颂》，作为结束语。

东坡颂（之一）

身居高位不贪恋，忧国忧民大于天。

多次辞表下江南，清贫褴褛亦欣然。

东坡颂（之二）

千年东坡今犹在，一代英豪不复来。

试看今朝谁堪比，唯有豪情壮胸怀。

说陆游
——读杨雨《侠骨柔情陆放翁》

提起陆游，几近妇孺皆知，他是我国古代留下诗歌最多的诗人，很多诗句成为千古绝唱，而他和唐婉的悲情故事，不知感动了多少人。

陆游是一位名副其实的打虎英雄。公元 1172 年，即南宋孝宗乾道八年的一天，在四川的南郑，即今天的陕西汉中，一位四十八岁的"老人"不慌不忙一枪刺死老虎，这位"老人"就是陆游。这不是武松打虎的翻版，而是历史上真实发生过的事情，而且陆游打死老虎的事情据说发生过好几次。从这一点来说，陆游不但是位著名的诗人，而且还是一个武林高手。

陆游是一位坚定的战士。北伐抗金，收复中原，是他一生不变的追求。在他生命的最后，激荡在他心中的，只有那份极其纯粹的感情——那就是爱，对这个国家、这个民族最深沉的爱！"死去元知万事空，但悲不见九州同。王师北定中原日，家祭无忘告乃翁。"这是陆游生命的绝唱，也是他作为一名战士，至死不渝的梦想。

陆游是一位不畏强势的爱国英雄。"明知山有虎，偏向虎山行。"

秦桧投降金国，卖国求荣，陆游和他不共戴天，势不两立。因为得罪了秦桧，他三败考场，但他毫不气馁，毛遂自荐，进军官场，"位卑未敢忘忧国""泪溅龙床请北征""寂寞已甘千古笑，驰驱犹望两河平""四十从戎驻南郑"，正是四十八岁时从军南郑、投笔从戎，陆游的人生随之攀至顶峰。束缚他心灵的桎梏被打开，实现理想的快乐、内心暗涌的情感像火山喷发一样辉映了他的诗歌世界。可以说，南郑的陆游，成就了一个可敬的陆游、一个伟大的陆游。

陆游却是一个情场的懦夫。陆游和唐婉在沈园邂逅，他们的爱情在此萌发。然无奈"东风恶""山盟虽在，锦书难托"，即使陆游对唐婉的爱就像石头一样坚贞，却再也不能有任何音信的往来。于是悲从中来，饮酒挥笔，即作《钗头凤》，倾诉内心的无奈和悲哀、愤怒和怨恨。唐婉随即也和了一首《钗头凤》，只因"世情薄，人情恶"，又不堪忍受相思的折磨，最终"病魂常似秋千索"，不久，她就在这种无奈的煎熬中永远地离去了。对唐婉的爱成了陆游一生的痛，唐婉，也成了陆游一辈子最怀念的人。他不知多少次去沈园重游，为他最心爱的人留下了一首首悲伤的歌。在八十一岁时，他梦到自己又来到了沈园，来寻找他的爱人，但是"只见梅花不见人"；八十二岁的时候，他独自回到沈园，说自己就像一只孤独的鹤一样，徘徊在熟悉的亭台楼阁之间，找不到自己的爱人，找到的只有无尽的悲伤；八十三岁的时候，他再一次来到沈园，抚摸着自己当年在墙上留下的那首《钗头凤》，痛苦地凭吊他心中永远的爱人；八十四岁的时候，也就是他临终前的一年，他还挣扎着最后一次重返沈园，追寻唐婉的身影……在他生命的最后时刻，写下了这首千古绝唱《春游》：

沈家园里花如锦，半是当年识放翁。

也信美人终作土，不堪幽梦太匆匆。

陆游的一生，是悲怆的一生。但陆游的人生不是悲剧，因为，没有爱过的生命才是可悲的。陆游心里始终如一有种强烈的爱，有对唐婉坚贞的爱，更多的是对这个国家、这个民族深沉的爱，这份强烈的爱让我们看到了一个真正的陆游，一个完整的陆游，一个伟大的陆游！

在追寻中实现价值（一）
——读李敖《深夜十堂：快！等你开饭》

一切物事皆为缘，缘来缘去缘亦空，人到了一定的年龄，就会有这样的思想，好像是把一切看透了似的。"老眼平生空四海"，年纪大了，眼空无物，很多东西都没看到眼里。为什么呢？就因为自己看问题看得比较深远，甚至一下子看透了事物的本质，于是就感到一切都是那么无所谓。就好比小时候整天盼着过年，那种急切、好奇、幸福、快乐和美妙，难以诉说，长大之后过年又变得那么平淡无奇，甚至感到毫无意义。实际上，世间万事万物本身就是如此，其本质都是平淡无奇的，只有在追寻中才能实现其价值，也才能感到有意义。

第一个话题："人生本来就是不平等的。"

人生是非常不平等的，不平等是一种正常现象，在不平等里追寻自己的前途、实现自己的价值反倒是有意义的。

比如有人生下来就很富有，有人天生就长得漂亮，平等吗？不平等。正常吗？非常正常。再看一代歌后邓丽君，中国台湾著名歌唱家。为什么她的声音那么好听啊？为什么上帝给了她那么一副好嗓子啊？

不平等嘛。可是后来呢？活了42岁，神秘死亡。还有美国总统约翰·肯尼迪，四十出头就当上了美国总统，可是后来怎么样呢？46岁时，遇刺身亡。所以，人生就是这样的不平等、不可测。

人生既然是不平等的，那么当我们遭遇不平等时，当别人的情况比我们好时，一定要坦然面对，而不是怨天尤人。在不平等的状况下，你如何面对问题、处理问题、解决问题，才能看出你的真本领。

不要抱怨，"不平则怨没出息，不平则鸣有骨气"。哭诉、抱怨是弱者的作风，解决问题、临危不惧，才是强者的精神。人生就要保持一种乐观的精神——不怨，不但不怨，还要把一些负面情绪——悲伤、痛苦，通通消化掉。永不抱怨，这是人生的金律！

第二个话题："人生能够大，也能够小。"

前些天我们学习了一篇《善待你所在的单位》，不管你从事的是什么职业，不管这种职业多么渺小、多么平凡，它都是你施展才华的舞台。

在单位要学会珍惜，珍惜自己的工作，因为工作就是职责，职责就是担当，担当就是价值。还要学会珍惜已有的。你已经拥有的，一旦失去，你就会知道它的价值，就会追悔莫及。你不珍惜的，或许正是别人羡慕的。

所以，不管干什么都要尽己所能，并且要坚持自己的原则。"怀才不遇不抱怨，穷困潦倒不忧愁"，与"道不同"的人生活在一起，照样过得悠然自得。因为，你是你，我是我。

第三个话题："人需要点信仰。"

人没有了信仰，人生就失去了方向，就会变得碌碌无为，这是很可怕的事情。作为老师，当一名好老师就是老师的信仰。譬如梁鼎芬这个人，他是末代皇帝溥仪的老师，他有一个单纯的信仰就是我要毕恭毕敬、诚诚恳恳地做好这个老师。有一次他到皇城去上课，正好外面军阀开战，他径自往皇宫里面走，两边开枪他理都不理。正义凛然的他此时心里也许在想：我做我的老师，这是我的使命、我的信仰、我的责任，你们开枪也好，打仗也罢，我全然不理。

所以，人还是有点信仰比较好。如果浑浑噩噩过一辈子，没有信仰，那人生还有什么意义呢？

在追寻中实现价值（二）
——读李敖《深夜十堂：快！等你开饭》

好，接着聊。

第四个话题："该出手时才出手。"

美国有一个重量级拳王叫乔·路易，在路上和一群流氓起了冲突。那些人"有眼不识泰山"，先动起手。乔·路易宁肯被人打了几拳也没有动手。过后朋友问他为什么不还手，他说："第一，我这一拳出去有三百磅，会把人打死的；第二，我这一拳多值钱啊！我是用它做表演的，不是用来打小流氓的。"

当你遇到得罪你的人，尽管你气得要死，甚至想如果自己会武功，非得大打出手，好好地教训他一下。但是，你没有。不是因为你不会武功，也不是因为你打不过他，而是因你的身价、你的精明，你不跟他一般见识，你不视他为同类人。这类人不值得你去搭理、不值得你去计较，否则会降低你自己的身价。所以，如此一想，你并不怎么生气。

人与人相处，误会是难免的。人家误会我，我也不要生气，因为他们对我不了解，不了解的原因是他们的境界和水平达不到。

如果你遇到一个犯罪分子正在实施犯罪行为，你一定义愤填膺，这时你不能畏缩，不能有任何顾忌，你要挺身而出，该出手时就出手，全力制止其行为。这是你心中的正义和世间的邪恶的较量。

第五个话题："随遇而'偷'。"

有一个成语叫"随遇而安"，意思是不管处在什么样的环境里都能适应而安心下来，并感到满足，这是一个很好的心态。但这种人生态度并不是积极的、战斗性的，"随遇而'偷'"则是人生的另一种境界。"祸兮福之所倚，福兮祸之所伏"，祸福是相依相伴的，与其为坏处唉声叹气，不如从另外一个角度看到一些好处，哪怕是窃取的好处，这就是"偷"的含义。例如走在马路上不小心摔了一跤，不要立刻爬起来，要先在地上东张西望看看有没有东西可捡，搞不好摔一跤还能占点便宜回来。这也是一种很有意思的人生态度。

俗话说猫有九条命，为什么呀？你把它从空中丢下来，它会在下落的过程中转身再转身，寻找最佳的落地姿势，最后安全落地。换句话说，连猫都会为了活命转身，人为什么不能转变自己的意念，从不幸的命运里"偷取"转身的机会呢？

中国古人讲过一句话，"天下不如意，恒十居七八"，人生百分之八十的事都是不如意的。所以，人生中遭遇挫折，碰上倒霉的事，你只要意念一转，就可以有不同的看法和解释，也就会有不同的结果，坏事未必不是好事。"塞翁失马"也是同样的道理。

第六个话题："曲尽人情。"

什么叫曲尽人情？细腻、婉转、用心地把人情世故做到最好，就叫曲尽人情。这不是敷衍，而是一种境界。这件事我该做，我会做；不该做，我也会"曲尽人情"。有一副对联"言或自生天趣，事当曲尽人情"。李敖先生说，"言或自生天趣"就是讲话之间突然冒出神来之笔，讲出来的内容非常有味道，有情感，有智慧，就是要说"好话"。"事当曲尽人情"就是人间有很多应该有的关系，应该有的态度，这些关系你要很细心、很婉转、很周到、很体贴地做到极致。尽，就是做到尽头，做到最好的那一点。这个尽就是最好的状态，要用心做到，细心做到，婉转做到，刻意做到，小心翼翼做到。其实我觉得整个对联的重点就在这一句，做人的难点也体现在这一句。第一难，难在这个"尽"在哪里。与人交往不像一条死胡同，你可以看到尽头在哪里。跟不同的人，产生不同的联系，就有不同的"尽"，你清楚每个"尽"在哪里吗？不清楚就把握不好。第二难，难在如何把握好这个"尽"。你认为好，未必对方就认为好。关系是双方甚至多方的，大家好才是真的好。

品味人生

——读雨果《沙葬》

潮落的时候，一个人在距离岸边很远的沙滩上行走，很悠闲，无所挂念。走着走着，他忽然觉得不对劲，脚底下的海滩如胶水一般，每走一步加重一步。于是他脸上现出说不出的恐惧，知道自己正在陷入流沙中。他想极力挣脱，但是沙把他愈拖愈深了。恐惧、可怕、残酷、挣扎、叫喊、痛苦、静默、哆嗦、颤动，最后隐灭了。

这就是这篇文章的故事情节，我一口气读了三遍。几天后，我又拿出来，反复阅读，内心依然无法平静。

晚上，我走到屋外，任凭寒风吹进我的体内，冷涩让我渐渐清醒，使我猛然间明白了一个道理：人生旅途犹如这沙滩，偶尔走错是难免的。关键是要及时发现，早早改变，不要愈陷愈深，坠入沙潭。

怀疑
——读莫泊桑《逗乐》

"我"到朋友家，朋友迎接"我"，"我"怀疑；拥抱"我"，"我"怀疑；他们把"我"送到卧室，床也令"我"怀疑。"我"对着房门，重新铺床，终于睡着了。但突然一个沉甸甸的身体落在"我"身上，"我的脸上、脖子上、胸前都被浇上了一种滚烫的液体"。"我"用尽全力朝这个人打了一拳，也立即挨了一阵耳光。"我"一跃而起，天大亮了，原来是男仆人在为"我"端早茶时碰到了"我"临时搭的床铺，摔到"我"的肚子上，把早点浇到了"我"的脸上。

这好像是一个笑话，但这个笑话使我深受启发：不要总怀疑别人，不要总怀疑身边的事和物。你所怀疑的，可能只是你临时的毫无根据的猜想，有时仅仅是大脑感应到的一点影像而已。你所怀疑的，很多都是虚幻的东西，甚至是很荒唐的东西。我们要学会分析问题，正确地理解问题，看清事情的真面目，否则，就会误解别人，给自己开天大的玩笑。人可以笑对人生，但不能玩笑人生！

读《司马光和他的时代》

一天，一同学问我，最近读的什么书，我随即回答："《司马光和他的时代》。"同学说："提起司马光，我只知道他砸缸，其他的什么都记不起来了。"同学说得很诙谐，《资治通鉴》肯定是知道的。说实话，除了砸缸和这部书，关于司马光我也知道得很少，自觉惭愧。幸亏遇见了这本书，让我从不同方面了解了不一样的司马光。

在这里，我不想复述书中的内容，去介绍司马光，我只想提一提现在的我们应该学习他什么。

第一，从司马光砸缸这一历史故事折射出来他身上至少有三点需要我们学习：一是司马光这个小朋友发现伙伴遇险，临危不乱，能清醒地判断形势；二是沉稳机智，能迅速找出解决办法；三是行动力强，能又稳又准地向缸砸去。

第二，诚实。以至诚之心，对待自己和别人，不攀附，不讨好，讲秩序，讲原则，勇敢而委婉地表达自己的观点。因此说，"至诚"是司马光成功的基石。

第三，喜读书。司马光是从《左传》中寻到了读书的乐趣。读书，首先要喜欢，喜欢才能深入，喜欢才能受用。凡是带有强迫性质的读书大多是无效的，也是无益的。其次，读书要关注现实。司马光读历史，"不是站在历史看历史，而是站在现在看历史"。这一点非常重要，我们现代人读书更应立足现实，关注生活，分析社会，不死读书，不读死书，读活书，活读书。

第四，追求。不管外界情况如何，从不忘记自己内心的追求。司马光守制期间，不忘读书和思考，从书中悟出自己的处世之道和治国之道。司马光有强烈的使命感，为了天下百姓，坚持原则，委婉真诚，直言相谏，从不屈服。道德上洁身自好，屈野河西地事件，让他苦苦挣扎，无法克服道德上的洁癖，三次请调虢州，道德原则是他一生的追求，对司马光来说，背离了道德原则，再美的光环，都是折磨。

第五，工作态度。用书中的话概括——"可以不喜欢，但是不能不努力。能选择的时候选择自己喜欢的，不能选择的时候干好自己所负责的！"司马光在开封府担任推官，这不是他擅长的，可以说既不熟悉也不喜欢，但是他兢兢业业，一丝不苟，全力投入，"日没轩窗昏""援枕未及就，扑面愁飞蚊""所畏旷官诛，敢辞从事勤"。司马光怀着崇高的责任心、充足的信心，欣然接受朝廷的谏官任命，作为谏官首次上殿，呈上"嘉祐三札"，也树立了司马光的谏官形象——坚持原则，关心大事，关注根本，充满忧患，高瞻远瞩，尽职尽责，尽心尽力。

需要我们学习的，是做宰相之前的司马光。做了宰相后的司马光，"背弃了自己一生的信仰，变得颟顸、专横，不再宽容"。对此，我想我们应引以为戒！

再读《从百草园到三味书屋》

鲁迅先生的《从百草园到三味书屋》我小的时候在课本上学过，当时不怎么懂，读起来朦朦胧胧。

今天有幸翻到这篇文章，眼前一亮，再读，别有一番滋味在心头……眼前浮现的是一幅幅美丽的画面。

纯朴天然、和谐共生的自然风光走进了我的视线，融入我的思绪。我好像嗅到了碧绿的菜畦散发着诱人的芳香，高大的皂荚树迎风飘荡，鸣蝉的长吟透过时空传到我的耳旁，蟋蟀的琴声、油蛉的低唱像演奏的交响乐，把我拉回儿时的故乡。

树上摸金蝉，下水抓青蛙，设网逮麻雀，割草喂小羊，快跑追蝴蝶，扫帚拍蜻蜓，冰上打陀螺，叠纸摔四角，弹弓打飞鸟，田野烧豆角……无所不做，自得其乐。

那时候没有电视，电影很火。一个村里演电影，方圆十几个村的村民都去看。有时候，路途远，占不到位子，自己个子又矮，只能跑到影布的后面看反片了。不过，那也很知足。在自家村演电影优势就大了，天还没黑，晚饭也顾不得吃，先搬个凳子放到靠前中间的地方占位子，我经常能到占第一二排。

后来有了电视机。我们村里第一台电视机是老爸从上海买的零部件，回家自己焊接组装的，当时总为老爸感到自豪！一开始在屋里"放映"，后来人多挤不下，就搬到院子里"放映"，再后来，院子也挤不下，就干脆搬到大街的砖垛上"放映"。成百的人，挤在街上，扇字形自然排开，不分队，不论排，都仰头注视着那个砖垛上 11 英寸的黑白小电视，那场面现在想起来还是挺壮观的。

后来，我被老爸逼着去上学了，依稀记得，上学第一天，我又哭又闹，老爸打我的屁股，我就咬他的胳膊，但最终还是乖乖地去上学了。

一开始不适应，后来竟然也体会到上学的乐趣。

小学那时候早晨晚上都上课，我起得很早，都是天不亮就被老妈叫醒了。那时的冬天感觉好冷，地都冻裂了，那也阻止不了我上学的脚步。晚上上晚自习，都是自带蜡烛，在教室里一根根点燃，一簇簇跳动的火焰，像是在过节。

再后来上了初中、中专，随后毕业，参加工作，但那童年的乐趣已一去不复返。

心中铭
——读王阳明《传习录》

身上有无心中明，浮躁言辞最无用。

省察克治是真功，口吐万句不如行。

功利私欲皆为下，心存善念天理容。

止至善者入胜景，一切源于知与行。

反躬自省动与静，尽心尽性心中铭。

心境
——读《苏东坡传》

日月不经意，转眼数十年。

回首望却无，烟消云雨散。

痴想不得解，唯有花来伴。

静心待花开，花自开人间。

世事皆如此，难免忧和难。

收放且自如，岁月改容颜。

自从识此理，我心归自然。

缘

——读白居易《邻女》

霞彩绚丽镶天边，极目眺望何时还？

即便天仙来下凡，只在梦中来相见。

无缘对面不相逢，有缘难成一场空。

入夜灯下坐彻明，时复长叹一两声。

莫对月明思往事，缘来缘去缘如风。

云积雨雪自飘落，花开花落亦无声。

咏屈原

楚地楚语润楚声，柔性之力大无形。

问天九歌扬离骚，秉德无私浑天成。

注：屈原一生不退缩，不迂回，不妥协。他高大俊美，敌友分明，目光长远，雄心勃勃，秉德无私，却屡次遭贬，终日忧心忡忡。忧愤之广，牢骚之甚，倾入长达三百七十多句的《离骚》。文化作为一种柔性之力大而无形，屈原的语言艺术、行为艺术，无刻不在影响着我们。屈原的思想是活跃的，情感是奔放的，艺术是自由的，神灵是亲切的，自然是浑成的。

品司马迁

史记犹如万里城，屈辱愤怒狠宫刑。

青山妩媚应如是，五十二万六千情。

深夜孤灯瘦削影，大智大勇立场明。

一管毛笔千钧重，博大雄浑无尽生。

注：司马迁是在屈辱和愤怒中完成自己的伟业的。《史记》五十二万六千余字，字字滴血见真情。多少个深夜孤灯下，那瘦削的身影，折射着人类的光辉。驰骋历史三千年，拨开历史的迷雾，立场坚定，大智大勇，都在一笔之下，博大雄浑，无穷无尽地生发开来。

评司马相如

舞文弄墨找相如，凤求凰兮汉辞赋。

文君激愤白头吟，浪得虚名衬清流。

注：司马相如善于舞文弄墨，靠辞赋吃饭，他本来穷得叮当响，却以一曲《凤求凰》让卓文君心旌摇荡，二人连夜私奔。时过境迁，文君年大，丈夫移情，文君激愤写下《白头吟》，相如看后为之感动，终没做负心汉。他手中的生花妙笔，主要是为帝王服务，他赞美皇帝成瘾，拿到了想要的高官厚禄。司马相如是浪得虚名的平凡人物，他粉饰现实，以他独特的光芒照亮了这一流派，显现浑浊，映衬清流。

赞陶渊明

手捧陶诗动人心，如遇美食见佳人。

千百年来绵不绝，属归大地性情真。

渊明一生遭乱世，年少即无适俗韵。

自然就是写人世，无我之境第一人。

归去来兮向何处，杯干壶倾一觞尽。

醉眼蒙眬看世界，停在空中一朵云。

桃花源内有天地，不知有汉无魏晋。

公田钟黍米酿酒，饮酒御寒抵棉衣。

相思披衣无厌时，落地兄弟骨肉亲。

权力染指常有限，耕种时息无问津。

先师遗训不忧贫，瞻望转欲志长勤。

挥毫运思俱潇洒，原野吹来风无痕。

不计千秋万载名，古今贤之贵其真。

注：苏东坡曾说"渊明吾师"，陶渊明是苏东坡最崇拜的人。对陶渊明的赞美，千百年来绵绵不绝，概而言之三个字：真性情。陶渊明一生遭遇乱世，为了避乱，搬过好几次家，陶渊明讨厌战争，但写诗只字不提。陶渊明生活很随意，写诗也随意，他描述的都是身边风物、寻常景观，诗歌的最高境界是物我两忘，陶渊明是"无我之境"第一人。

赞白居易

苍凉萋美草送别，至性至情长恨歌，

浔阳江头琵琶行，诗海漫漫新乐府。

居易乐易动情易，闲而自适领头雁。

寸寸贴近山水肤，乐天知命皆随缘。

忠州刺史带民风，杭州政绩亦斐然。

苏州十万婴儿啼，道出民间尽心酸。

注：白居易活了七十六岁，贯穿"中唐"始终。生前与元稹齐名，人称"元白"，元稹死后，又和刘禹锡齐名，人称"刘白"。白居易把诗歌拉向平民，降低它的高度，在民间扎根。他的诗有两个重要的特点，一是平民化，二是至性至情。一首《长恨歌》，贯穿千年，影响了唐宋传奇，元明杂剧，清代戏曲、话本、小说以及当代戏曲和影视剧。在那个年代，他是一个有良知的知识分子，志在兼济天下，他讲公道，伸张正义，他写讽喻诗，从不考虑对自己有多大的负面影响。他早年流离漂泊，悲天悯人，笑对人生坎坷。白居易居江州四年，闲而自适。赴忠州做刺史，以吏风带动民风。任满回京，请求外放，又赴杭州，得千古绝唱，钱塘秀色尽融诗间。白居易倡导的新乐府运动，使他成为中国古代知识分子的杰出先驱。

咏李白（外二首）

（一）

仗剑远游江水流，侠文仙气一并收。

高空展翅稀有鸟，飘然而去下扬州。

一年散金三十万，赢得佳作黄鹤楼。

秋雨直奔终南山，身在秋天不作秋。

（二）

供奉翰林心醉酒，千日醉倒八百天。

赐金还山何处去？洛阳相见成李杜。

白诗无敌思不群，笔落惊风泣鬼神。

两人同游成佳话，天下谁人不识君。

（三）

飘零一生无家园，世间俗物不屑看。

白日醉酒夜里梦，毕竟寻仙几十年。

明月寄心常相随，月球即有太白山。

安陆梁园各十年，酒隐客居也坦然。

中间五年江南游，剩下三年翰林院。

飘零酒杯诗千首，狂风吹沙万年传。

注：李白性情豪放、乐观豁达、傲岸不羁、天真烂漫，一生都在漫游、寻仙、干大事。李白排行十二，人称李十二，五岁随父迁到四川，二十五岁出川，再也没有回去过。他登峨眉山，创作惊世杰作《蜀道难》，他将侠气、文气、仙气融为一体，历经长途迁徙跋涉，横穿半个中国。他给后人留下了许多谜：身世之谜，死亡之谜，作品之谜……而他最大的谜是他的生命本身，犹如一座活火山，六十余年持续喷发，精神化作冲天的火山灰，千年万年不落下。

读《蒙曼说唐：武则天》

雄飞高举临天下，赫赫一代神女皇。

初入宫廷不得宠，尼寺传情思纷纷。

重返后宫风云起，沉着冷静能屈伸。

步步为营谋后位，翻云覆雨血腥风。

母仪天下理朝政，垂帘听政称二圣。

二圣临朝封泰山，赫赫声威震天下。

自封天后有奇心，提出建言十二事。

施惠百姓笼百官，提倡节俭安民心。

女皇登基六十七，风声鹤唳酷吏行。

创新科举开先河，大柱擎天君满朝。

封禅嵩山呼万岁，金简祈福留至今。

二张乱政神龙变，虎落平阳余威存。

悠悠千载无字碑，一半火焰一半水。

忆杜甫

因其苦而苦，因其悲而悲。

因其怒而怒，因其泪而泪。

风怒号，卷上云重茅。

茅飞渡，高挂长林梢。

长夜沾湿忧家园，憔悴诗人盼天晓。

弱冠之年游天下，忧国忧民亦忧家。

梦想苦难紧交织，痛饮狂歌闪才华。

长安多雨衣生霉，下床青苔出门幽。

富人欣赏雨中色，穷人哭饥又号寒。

朋友患难影全无，献诗买药劳心力。

忧思忧愤化灵感，受穷受苦志更坚。

宁肯要饭，不向黎庶挥鞭。

双脚不下十万里，悲悯投向人世间。

浣花溪畔杜甫堂，生命长度上千年。

注：杜甫是中国的现实主义诗人，集个人、国家、民族的巨大苦难于一身，他眉头紧锁，把无边的苦难写进他浩如烟海的诗作中。杜甫的一生经历，几乎浓缩了个体生命所能经受的全部苦难。他是苦难的象征，他又是迎着苦难绝不低头的圣人。他广大的慈悲、永远的坚忍、闪耀的才华，为全人类留下了宝贵的财富。

读李煜

三千里地山河，

不堪回首，

人生长恨水长歌！

忧愁如梅，拂了一身还满。

离恨如草，更行更远还生。

南唐故国，帘外雨潺潺，

独自莫凭栏。

多少泪，沾袖复横颐。

多少恨，昨夜梦魂中。

手捧李煜词，犹见美爱神，

焚香沐浴不为过。

一切皆在阳光下，一切尽在风雨中。

无一不俊，无一不真！

注：李煜生于七夕，死于七夕，他失掉了南唐故国，赢得了文学艺术上的伟大成就。他是中国的美神和爱神，他爱生活，爱艺术，写诗填词画画无一不精。他相貌出众，举止温和，目光细腻，所到之处，如春风化雨。但是他意志薄弱，治国无方，他丢了江山，心事莫将和泪说，秋风多，雨相和。

白桦赞
——读沃罗宁《四季生活》

高耸挺拔伫窗前，生机勃勃清风般。

春风拂过枝条响，绿荫如盖遮夏炎。

萧瑟秋雨簌簌落，坚韧不惧冰雪寒。

读《张居正》

整饬吏治刷新风，革新税赋理财政。

整肃教育揽世才，拯救王朝于将倾。

踌躇满志振朝纲，铁血宰辅自豪情。

政治险恶世炎凉，危身奉上只为忠。

骸骨未寒纷争起，家产尽抄夺爵封。

自此以后数十年，无人敢言张江陵。

朋友呀，你别生气！

朋友呀，你别生气！

人生处处难如意，气出病来无人替；

生活难免受委屈，千万别往心里去；

同一世界千千万，珍惜有幸能相遇；

体验生活有价值，荣华富贵别在意；

朋友呀，你别生气！

不要计较不要急，为了小事发脾气；

既伤精神又费力，回头再想又何必；

别人生气我不气，欣赏他人不吝惜；

世界需要多激励，生活才会有魅力；

朋友呀，你别生气！

人生就像一部戏，演绎生活真神奇；

同事家人不容易，是否更应去珍惜；

千里有缘好相处，不要羡慕和妒忌；

珍惜时光多奋斗，等到白头好回忆；

朋友呀，你别生气！

退步原来是向前，执迷不悟应放弃；

适度发泄别压抑，怒气积攒成心疾；

闷闷不乐难度过，影响事业不如意；

名利权势是云烟，收获成功是真谛；

朋友呀，你别生气！

笑一笑啊十年少，青山年年有绿意；

遇事不钻牛角尖，身心舒坦最美丽；

常与知己聊聊天，谈古论今甜如蜜；

拨云见日望蓝天，驰骋世界千万里。

注：原作者为北京实验学校的曾军良校长，本书作者征得原作者同意，进行了修改。

叹嵇康

泪飞如雨叹嵇康，名大性直堪龙章。

竹林相聚二十年，杀身成仁化天长。

魏晋风度今不死，欲说还休向山阳。

注：嵇康的死有两个原因：名气太大，性格太直。竹林七贤，魏晋风度的缩影，嵇康走在最前面。竹林聚会持续了二十年之久，他们各显神通，各有风采。山涛事件、吕安风波，两封绝交书，把嵇康推向了断头台。嵇康作为当时的天下第一名士，在刑场上一曲绝响《广陵散》，完成了他的生命之舞。

读评柳宗元

少有大志柳子厚，精敏通达一孤舟。

谪贬永柳度残生，浪涛汹涌起落浮。

江雪独钓孤零心，深秋南涧独自游。

峰上无心云相逐，回看天际下中流。

从此纵情于山水，千年清香不胜收。

读评李清照

青春俏皮羞，袜划金钗溜。

独立个性强，从来不低头。

半生幸福美，半生愤怒咒。

此情无计消，万般相思愁。

一枝蜡梅香，花中第一流。

宏文论歌词，超逸压群流。

别是一家词，词宗传千秋。

读评欧阳修

谪居滁州实少年，醉翁之意山水间。

果敢刚毅历坎坷，端正耿介无愁怨。

学术精湛俊伟奇，底蕴深厚见识远。

一尊风月为公留，敢作敢为亦敢担。

文坛宗师开新风，如潮如海波光潋。

雪消门外千山绿，不觉江边二月寒。

花甲之年惹绯闻，心灰意冷退京远。

六一居士名千古，一代英名代代传。

读评曾巩

天上星斗陆江海，醉翁门下一朵开。

半生穷困一生勤，卧看千山风雨来。

久居乡野二十年，声闻朝野二十载。

文清恰如池中水，纯正端庄永不衰。

才华品德人人知，独特风景放光彩。

第四辑
爱如潮水

曾看到这样一句话：「这个世界上大约有六十亿人口。但是在某个瞬间，只有一个人，在你心中，抵得过千军万马，四海潮生。」又看到这样一句话：「缘分没有早晚，来了就是刚刚好；缘分没有对错，遇上了就是对的，世事冥冥之中一切都有它的道理，如果事与愿违，请相信，上天一定另有安排。」读了之后，才知道，原来遇见就是最美的缘！

花下漫步

花开心陶醉，留恋迟迟归。

忘却来时路，心在枝头睡。

雨愁

雨天话雨愁，语到愁自流。

云散随风去，拍手笑沙鸥。

月下对酌

斟满心中酒，对影两相亲。

举杯邀明月，你我成三人。

月既不解饮，我俩相依随。

相对默无言，两颗心相印。

我歌月徘徊，你舞月亦欢。

醒时同相悦，醉后心中酸。

永结真挚情，一生永不变。

晚秋

秋天无留意，一去不回头。

日月不堪借，只把心来求。

山间（外二首）

（一）

山间桃花开，树树皆春来。

拾级等峰上，唯有爱满怀。

（二）

欲持一壶酒，对饮过朝夕。

山间鸟作伴，无人寻行迹。

（三）

风吹山花落，喜迎山果来。

纵然有失去，只在心中外。

感遇

花在枝头闹，云在丛中笑。

我在花间寻，心见双翠鸟。

窗前

杨柳发嫩枝，小鸟唱新曲。

独在窗前窥，恐惊鸟儿飞。

静夜

白光划静夜，果岭探出头。

谁知人高洁？但看空中月。

茶思

入夜邀明月，醒来对朝霞。

洗尽人间事，唯独一瓯茶。

四季

春有山花伴，夏沐雨凉风。

秋月林间照，冬雪带春风。

楼上望月

楼上望天月，透窗寄秋情。

夜半无人语，倚坐到天明。

一朝千年醉

夏风轻轻吹，我心随风飞。

飞到小河边，树影相依随。

河水清浅底，远山影倒垂。

牵手踩石上，人在画中飞。

鸟儿低声语，飘飘入心扉。

爱如此山水，一朝千年醉！

风中

浓云压枝头，急雨斜东风。

我立云深处，不怕风来袭。

修志

章章智慧集，句句汗结晶。

字字显真义，滴滴露深情。

文脉相融通，思想一体成。

寻证翻箱柜，求真风雨行。

眼睛疼发涩，孤灯到黎明。

修志谱新篇，巨卷涌豪情。

岁月

一缕岁月风，一场时光雨。

清晨迎朝阳，暮走夕阳里。

心装那盏灯，深情许自己。

叶子无声落，烟雨润大地。

心中若安宁，岁月生暖意。

登宝石山

宝石山雨后，天气早如秋。
初阳台上望，湖水绕山流。

除夕

又逢除夕夜，辞迎一宵中。
寒将随夜去，黎明送春风。

雨中游栈桥

海上风雨斜，撑伞手不支。
鞋内足穿水，直奔回澜阁。

寻景

上山寻旧景，不见当年松。
独自坐树下，阳光透缝中。

雪花

窗外雪花飘，水晶挂树梢。

片片相思意，问我把信捎？

乳子湖（鲁大一隅）

迎春花儿俏，惊艳红碧桃。

鸟儿林间鸣，柳枝水中摇。

湖边亭矗立，两岸桥对桥。

倏然雨滴落，亭中对山笑。

山间

驱车百余里，悠然见金山。

踏上随缘路，一去不复返。

山间鸟作伴，而无人世喧。

远处花盛开，又见水一片。

心中有真意，不知多少年。

听雨

隔窗听雨吟，相思绕我心。

雨儿可知否？我在为谁吟？

初秋

赤日终于过，清风自来寻。

开窗知秋意，细雨润心底。

月夜（外一首）

（一）

书中无别意，处处相思情。

窗前月无声，唯觉春意浓。

（二）

人闲床前坐，夜静心底空。

月穿云层里，光透缝隙中。

遇太极

晨兴遇太极，舞动云和风。

尘心脱俗世，留得一身轻。

暑夏

何以消烦暑？听雨嗅荷香。

小扇引风来，清音最悠扬。

山中夜宿

月挂青山上，牵手夜色行。

卧床听山语，推门迎清风。

愁

窗外雨滴秋，我心似个愁。

黎明推窗外，愁飞九霄九。

莫愁湖

莫愁湖边走，风拂水中柳。

悠扬歌声传，消去人间愁。

莫愁桥

莫愁桥上过，烦恼抛云霄。

历经风和雨，不管哪一朝。

堵车

天黑即启程，天明高速封。

车排几十里，心动车不动。

与其心中急，不如赏云风。

亦可静养神，细听天籁声。

享受慢时光，偶尔入梦中。

老家闲居

居家八九天，风光日不同。

邻家有犬吠，枝头山雀鸣。

蓝天浮白云，红柿挂长空。

野地捡豆芽，回家辣椒烹。

世间烦絮事，到此一身轻。

挥剑挑明月，拨动满天星。

偶尔一小酌，顿觉心中空。

捧书茶做伴，叶舟水中行。

摆弄管弦乐，竟也能发声。

提笔欲记之，山涧清泉涌。

夜雨

窗外雨滴响，随我入梦乡。
唯有云知道，心飞向何方！

山中

坐看山果落，手拂白露滴。
风吹秋意起，掀起层层漪。

深夜

深夜呼唤黎明，黎明不为所动。
只是不知深夜，如何熬过三更。

明月吟

依然当时明月，孤独亦是清香。
滟滟随波千里，只待月明春江。

思绪

思绪飞扬按不住，坐立案前静却无。
最是自然佳境处，风拂杨柳落花舞。

梦醒偶得

河边观柳柳倒垂，镜中看花花反开。
正观侧视各相异，牵我走出梦中来。

心中有爱不觉闲

心中有爱不觉闲，杨柳青青江水蓝。
东风吹绽百花妍，双燕飞来日日欢。
心中有爱不觉闲，荷花偷笑水云间。
林荫闭目听蝉鸣，晚风吹来雨扑面。
心中有爱不觉闲，秋色连波碧云天。
落叶尽随风吹去，树换秋衣自慨然。
心中有爱不觉闲，红梅笑开峰云端。
雪花随风起舞裙，大地处处披银衫。

登联峰山

联峰山上望海亭，听涛崖边闻涛声。

神山宝杵耸云间，日出东方照我行。

月（外二首）

（一）

月儿弯弯照台前，扶台遥望月登帘。

心心相随赴月去，不怕寂寞月光寒。

（二）

我心奔明月，不怕月光寒。

嫦娥家不在，唯有心中月。

（三）

月光再寒浑不怕，只待阳光扑面来。

岁月磨去千年痕，怎能削去情一滴。

雨后

冰雪消融春将在，大雨过后云雾开。

心底盛开花千朵，思念如潮汹涌来。

听雨

推窗静听雨声落，思绪狂飞向天阔。

问天雨从何处来？唤回霞光映照我。

茶韵

此时倒杯茉莉花，心静如水不是茶。

细品人生真滋味，草木之间汲精华。

荷

堤上河边赏风荷，荷花含笑对心歌。

歌声漾起浓浓情，情随流水波连波。

咏燕塔二首

（一）

燕塔为你守，燕塔为我留。

他日拾级上，望尽天涯路。

（二）

燕塔高耸入云霄，翘首遥望伴霞朝。

任凭风雨雪花飘，坚守依然不动摇。

夏雨

夏日凉风如秋到,云雨将至把树摇。

闪电雷声急赶来,划破夜空彻云霄。

久相逢

久别如今一相逢,总觉在梦中。

相见只恨时光短,朝夕瞬间空。

独行

一人独行沐晚风,云深无月影。

千条柳丝随风舞,枝枝系深情。

离别

不因看山而凝神,只为相思离别恨。

淡淡花香随风去,月光清冷也醉人。

元宵

难忘今夕是元宵，牵起童年千里遥。

只把相思作美酒，煮好汤圆热未消。

萍聚

一首萍聚如甘泉，听了一遍又一遍。

深情凝望山与川，脚下仍有水相连。

风儿捎上悄悄话，云朵寄去万千言。

真情融于歌声里，挚爱流淌音符间！

清夜吟

月到天心风吹水，清新之意少人知。

情到深处恨亦消，且尽生前有限杯。

一半清醒一半醉，此生拼搏有几回！

注：读了一首《清夜吟》："月到天心处，风来水面时。一般清意味，料得少人知。"有感而发，遂记之。

山涧

山涧溪水潺潺流，不知水中有我求。

主人遥指杏花酒，一杯喝下心中愁。

人间有味是清欢

——写给亲爱的女儿

退步原来是向前，花开总在叶落间。

天使也要自己飞，人间有味是清欢。

风雨情

穿林打叶风雨声，室外不解室内情。

下楼采撷风和雨，一半风雨一半晴。

秋思

尽把相思付笔墨，守得云开见月明。

相聚时刻总觉短，薄凉夜色秋意浓。

夏夜（外一首）

（一）

夏夜虫鸣桥自横，河边漫步柳无声。

凉风吹来酒醒半，一寸相思一寸情。

（二）

夏雨涟涟下不停，好似向谁诉衷情。

今夜有兴树林中，手持提灯照蝉鸣。

立冬情

西风渐作北风呼，红叶飘落空中舞。

不变只有心中月，唯有菊花绽于秋。

山间

时想隐居山林间，花鸟共乐享自然。

云深之处你与我，朝霞余晖步云端。

相思

一片相思待茶浇，窗外鸟鸣树枝摇。

阳光直射扑面来，云朵悄悄挂树梢。

山歌

山歌不败万年青，唱起山歌穿云行。

不怕远隔云山路，歌声相连心相应。

亲情

人间至爱是亲情，情深似海血脉通。

句句祝福暖心间，家庭和睦万事兴。

小年遇雪

小年遇雪路难行，风吹雪花片片情。

玉树琼枝迎风展，雪融路面冰一层。

情长流

人间如若无分离，单看秋色怎生愁？
寒雪袭人心中暖，春风夏雨情长流。

决战疫情

冰雪消融阴霾尽，战胜严寒便是春。
武汉樱花多烂漫，明日相约看花人。

"三八"寄语

春夏秋冬无闲暇，忙忙碌碌不说啥。
沉默咽下委屈泪，微笑掩饰泪中花。

路边望月

路边望月月望我，问我散步是为何？
停止不前再问月，月中有无心中歌？

四季歌

春天陪你闻花香，夏天陪你听鸣蝉。

秋天陪你看落叶，冬天陪你赏雪寒。

读书

捧起书如入深山，身处书林自悠闲。

尘俗物事无须扰，一壶清茶伴流年。

新年寄语

寅虎渐随冬雪去，玉兔又伴春风来。

且向岁月觅行迹，往事历历爱满怀。

创新发展抓机遇，优化环境搭平台。

疫情未停课不停，无私奉献做表率。

付出最终有回报，天道酬勤功自来。

昨日成绩成过去，抖擞精神向前迈。

而今迈步从头越，喜看莘亭花似海！

登烟台山

三面环海烟台山，城港一体景色连。

近代建筑融一体，红楼青舍绿荫间。

造化奇观盟情崖，惹浪亭上望海蓝。

灯塔指引未来路，浪涌千层滚滚前。

殷墟参观记

洹水安阳小屯村，殷墟发现甲骨文。

时空穿越三千年，商朝遗风传至今。

一片甲骨惊世界，青铜鼎盛美玉贞。

戈钺车马显威武，战鼓擂擂车滚滚。

精彩地书永恒史，如诗如画照今人。

游金堤

绿树成荫罩金堤，长龙飞舞向天际。

夏风犹如秋风起，夏雨更似秋雨滴。

梦四季

桃花如雨纷纷落，满塘荷花连夜开。

银杏如扇遍地黄，大雪纷纷一路白。

夜雨

昨日窗外一夜雨，水碧林疏叶渐黄。

金风有情知秋意，吹得人间处处凉。

双节巧遇

双节巧遇今日逢，寸寸相思寸寸情。

月出苍茫云海间，唯恐相逢是梦中。

岁月

人至中年历沧桑，挥别年少迷与狂。

岁月赠予淡与宁，月明如水照花香。

立秋

云收夏色碧山头，暑气渐退一夜秋。

唯想事事销身外，独看江水向东流。

注："云收夏色"取自唐朝刘言史《立秋》"云天收夏色，木叶动秋声"；"碧山头"取自宋朝程颢《秋月》"清溪流过碧山头，空水澄鲜一色秋"；"销身外"取自唐朝李益《立秋前一日览镜》"万事销身外，生涯在镜中"；"江水向东流"取自五代李煜《虞美人·春花秋月何时了》"问君能有几多愁？恰似一江春水向东流"。

晚秋

西风渐作北风呼，红叶飘落空中舞。

不变唯有心中月，遥看菊花绽于秋。

注：虽是初冬，仍有秋之意。但北风无情，落叶片片，似是吹落秋天所有的愁绪。落叶有情，不飞远处，尽量守护树的根基，为的是明年春风再至，吹遍一树青绿。此时，天空中的明月依然，菊花傲立寒秋。遂吟此诗，以解心中之意。

小雪

小雪时节不见雪，细雨怎知冬之意？
绿叶呵着鲜花开，花叶飘飞相思起。

金堤

堤上堤下雨滴飞，黄黄麦地已割刈。
路边草木绿欲滴，有谁知我此时意？
云因相思而聚集，雨因有爱自在飞。

静夜

问我何意去草原，相思伴雨一片片。
一声问候道晚安，夜深人静不知眠。

真情

草原清风吹耳前，沙漠黄花一点点。
景色空旷无与比，唯有真情寄天边。

教师赞（外二首）

（一）

三尺讲台散芳香，太阳底下放光芒。

一生挚爱为坚守，塑造心灵铸辉煌。

（二）

穿林打叶风雨急，一身浩然责千里。

路上行人不得见，唯见校园湿满衣！

（三）

滴滴甘露融春风，潜移默化润无声。

采得百花成蜜时，自笑此生最痴情。

重阳

岁岁重阳又重阳，院内两枝菊花黄。

缠绵秋雨知我意，万般相思秋风凉。

深情

滴水穿石是真功，碎碎念念皆深情。

平淡岁月随风飘，一路春风一路行。

风景

倒行前望走过路，方知风景在后边。

转头迎接风和雨，一抹彩虹挂天边。

林间闲步

林间闲步听风语，坐看云起闻花香。

春风吹绿岸边柳，诉尽人间最相思。

梨花赞

清新淡雅不张扬，洁白无瑕吐芳香。

招来痴情春姑娘，百年树下话情郎。

均衡创建

昼夜不分赶工期，太阳炙烤汗湿衣。

一日三餐不分时，忘了口渴肚中饥。

归来途中星作伴，金风也来送凉意。

轻轻推开家中门，唯恐惊醒孩与妻。

后天即是开学日，焕然一新迎九一！

观天津之眼

绿水桥横天轮圆，霞光映照半边天。

海河两岸景连景，彩色镶嵌水里边。

太极

鲜花朵朵暗香来，熏风缕缕暖心怀。

今生有缘遇太极，拨云见日心自开。

徒骇河畔

绿波荡漾细雨中，芦苇深处有蛙鸣。

对岸翠柳飘秀发，只应天上有此景。

游无染寺

林深谷幽昆嵛山，古木参天峰绵延。

净心如水无染寺，溪水瀑布连清泉。

人称江北小九寨，一步一景如画卷。

缘

风雨同舟心相连，留下真情一串串。

人间财富哪堪比？最美相聚是天缘。

海棠

三月春风似酒浓，海棠盛开细雨中。
犹如玉肌羞脸色，花间新绿一重重。

春景

紫荆花退叶初长，一树槐花一树香。
路边野草竞争绿，杨柳照水梳镜妆。

教师礼赞

一片丹心照明月，春风化雨如山泉。
三尺讲台三寸笔，书写上下五千年。

书香情

淡淡书香片片情，静听窗外有蝉鸣。
心中若存相思意，盛夏自有清凉风。

偶得（外二首）

（一）

人间自有真情在，云去总会阳光来。

天高海阔任驰骋，但求岁月不白来。

（二）

但求岁月不白来，风雨彩虹定同在。

桃李芬芳为谁开？唯有真情最感慨！

大浪淘沙云起涌，天水一色共徘徊。

前进路上遇知己，桃李亦为你我开！

（三）

微风阵阵梦初醒，翠叶藏雀叫不停。

酒入愁肠人易醉，人间无物似情浓。

等待

再美的景色，
也不乏凄凉。
再苦的等待，
也有甜蜜的琼浆。

如梦令

佳期如梦，情深似海。
阳春三月首暮，唯愿朝夕相处。
一年雨系风雪，年年风雨如故。

深夜思

半夜凌晨，毫无睡意。
睁眼望窗外，垂帘遮挡，心无奈。
闭眼画面来，点点滴滴，现脑海。
只想身变飞燕，星月伴随，飞窗外。

人生的色彩

拥有阳光的心态

心中自有真情在

有了阳光真情在

还怕什么不会来

快乐、烦恼

样样都浪漫

灯光、星光

个个都灿烂

幸福、忧愁

生活不厌倦

跟着我

走向人生的舞台

拍起手

欢呼生活的存在

真情、阳光

人生的色彩

跟着我一起走

走向真实的现在

跟着我一起走

走向美好的未来

"从"和"出"

人与人

本身没有隔阂

关键是我们放得多远

放得近了是从

放得远了无缘

就像两座大山

叠在一起

可以出山

拆开来放

还是两座大山

人生有很多事

关键看我们如何对待

放到痛苦的地方它就痛苦

把它放到快乐的地方

它就快乐无限

爱满天下
——为孩子写的儿歌

给家里打个电话

隔着千里

送去我的牵挂

女儿儿子争着找爸爸

我的眼里

浸满了泪花

听着孩子亲切的声音

我的心灵

早已插上翅膀

飞回了家

抚摸他们的小脸

聆听着孩子的每一句话

那边外面大雨哗哗

这边阳光一泻而下

不同的风景

同样的牵挂

温馨和睦爱满天下

我们是幸福的一家

真

春风春雨春暖

花开花香花艳

入夏荷头一枝春

秋来送爽心地宽

瓜熟蒂落丰硕日

冬藏至宝睡酣甜

是真亦是情

情

是困难时一句劝慰的话语

是感动时留下的泪滴点点

是人生旅途中内心的理解与支持

是不求索取和回报的那份感激

是离别的难分难舍心灵相依

一生牵手共同度过的风风雨雨

是情亦是真

相逢

梦里寻他千百度，

从不在，

灯火阑珊处；

相逢亦是离别时，

怎忍耐，

日出即迟暮。

雨滴

天上飘落的雨滴，

不知她们为我传送的什么信息。

是禾苗需要滋润？

是树叶需要洗涤？

是大地深情的呼唤？

是云雾弹奏的乐曲？

我坐在窗前，

欣赏着从天空飘落的雨滴。

此时的雨滴，

是否和我一样也在欣赏自己？

太阳岛上

带着希望

承着梦想

我们来到了太阳岛上

金色阳光

天高气爽

我们的心随白云飘荡

瀑布高悬

湖水荡漾

小路曲曲折折伸向湖中央

风儿沙沙

小鸟歌唱

我们躲在树林聆听美丽的乐章

我们来到了太阳岛上

美好的梦想在这里实现

幸福的花儿在这里绽放

真情洒播

沥沥细雨

浸润着这片希望的土地

爱心执着

唤醒教育的生机

跨越发展

勇争第一

心中默念着

古老而又永恒的话题

勇气可以挑战一切

智慧可以改变贫瘠

汗水可以浇开鲜花

奉献让教育变得更加美丽

呼唤爱心教育

追求幸福学习

共创师生和谐家园

让真情洒播每片天地

选择

只要路是对的，

就不要害怕山高水长。

只要是值得的，

就不在乎世事沧桑。

梦想和现实，

往往就隔着一座桥梁。

等待与退缩，

只能是远远地张望。

尝试和行动，

把遗憾与失落抛向远方。

雪莲花

你是那

高山上的雪莲花，

我愿做

你身旁的一棵松，

手牵云峰端，

根握石岩中。

风雨总相依，

飞雪笑相迎。

过年是什么

过年是什么
是雪花飞舞的飘然
是鞭炮声中的辞岁
是小孩子的欢呼跳跃
是大人们忙忙碌碌的身影

过年是什么
是对联中的祝福
是水饺馅儿中的美味
是家门口悬挂的红灯笼
是空中绽放的朵朵礼花

过年是什么
是见面一句"新年好"
是希望的短信漫天飘
是一包礼品对父母的孝心
是家人相聚天伦之乐的团团圆圆

过年是一种交流
过年是情谊的再现
过年是一种希望
过年是美好的开端
过年过年！拜年拜年！

1减1等于几

——写给女儿的儿歌

1减1等于0，

2减2等于0。

女儿摇摇脑袋，

噢，知道了，知道了！

爸爸减爸爸，

不等于零等于啥？

我张大嘴巴，

啊？啊？啊？

哈！哈！哈！

你那一笑

凝眸相对，相看一世不厌。

十指相扣，走过一座座山。

人海茫茫，万千繁华看不见，

只你那一笑，整个天空皆灿烂。

爱是什么

——为孩子写的儿歌

爱是贴心的话儿

爱是彼此的牵挂

爱是眼中的泪花花

泪花花呀泪花花

流过了脸颊

湿润了爸爸和妈妈

爱是打个电话

问声爸爸和妈妈

下班以后快回家

快回家呀快回家

回家后给您唱支歌

回家后给您说说贴心话

温暖和谐不吵架

让爱充满我的家

牵手一起走天涯走天涯

雨雪情

雨里夹着雪花，从空中飘落下，

雪花那么美丽，

雨是那么舍不得它。

一阵风吹来，雪花改变了方向，

雨望着它远去的背影，

泪水结成了冰花。

冰花落到地上，

渐渐地融化，

冰花又变成了雨，

心里依然渴望着它。

雪花飘呀飘，乘着风来找它，

雨微笑着，泪水浸满了脸颊。

雨伸出双臂，

雪花接受了雨的拥抱，

雨用内心的炽热，

把雪一点点融化。

它们共同浸润大地，不分你我他，

它们共同呵护幼芽，

培育生命的爱情花。

冰雹

小屋前，灯光下，

冰雹撒满地，

疑是大地成天空，

长满许多星。

像珍珠，似玛瑙，

捡起五颗放手中，

它们在手中笑，

我们在幸福中。

一种感觉

有一种感觉

虽然痛苦却异常甜蜜

有一种感觉

既在现实却总如在梦里

有一种感觉

相隔千里却唇齿相依

有一种感觉

即便什么也不说却心心相印

五颗冰雹

五颗冰雹躺在我的手心里，

就像五个熟睡的婴儿，

他们相偎相依，

幸福装满心底。

又像五颗水晶，

玲珑剔透，

折射着耀眼的光辉。

还像一个个健壮的小人儿，

浑身充满力气。

我抚摸一下他们，

感受着他们的体温，

给我带来丝丝凉意。

此时，

他们渐渐融化，

融化在我的手心里，

他们变成了一体，

永不分离！

今生无悔

红尘滚滚，笑者何几？

往日执着，仅留长吁。

叹世间风雨，尽源于平常。

烟云过去，晴空万里。

不计得失，不恋俗尘。

看世间万物，皆生命根本。

宽容淡定，梦醒时分。

坚强豁达，真情于心。

懂释怀感恩，乃今生无悔。

懂得

因为懂得，所以美丽；

因为懂得，所以喜欢；

因为懂得，所以坚守；

因为懂得，所以惦念。

触目横斜千万朵，

赏心只有那一枝！

远方

你微笑着望着远方，

于是，

远方的树迎风飘荡，

远方的花竞相开放，

远方的山为你站岗，

远方的我心情荡漾。

你微笑着望着远方，

远方的一切都变了模样。

天空变得更蓝，

大地变得更广，

太阳变得温柔起来，

月亮羞得躲到了山那旁。

你微笑着望着远方，

远方的一切都跟着灵动起来，

白云朵朵聚拢来，

鸟儿欢唱自由翔。

鱼儿跃出海平面，

浪花雀跃向东方！

教育情感

我的情感，

缠绕着酷热的夏天，

滴滴汗水，

浸透了整个衣衫。

热浪袭来，

心底清凉一片，

只因为，

心底那无限的情感！

汗水遮住了我的视线，

眼前朦胧一片，

不知里面，

是否夹有泪水在里边。

我的情感，

缠绕着酷热的夏天，

骄阳如炙，

犹如我内心燃烧的火焰！

一棵树

我愿化作一棵树，

长在你必经的路旁。

为你遮挡夏日的阳光，

送你一丝清凉。

让你走累了停下来，

依偎在我的身旁。

当你悄悄走开时，

我默默为你守望。

任凭狂风暴雨，

沐浴高照艳阳。

念念不忘的，

是心底的自豪，

以及那份深情的渴望！

长相思

白云缠绕蓝天，

大地滋润雨滴。

溪流奔腾山涧，

浪花雀跃海里。

水渺渺，

柳依依，

离别时，

相思起。

我欲寄情于明月，

随风飘到云层里。

雨蒙蒙

雨蒙蒙，夜沉沉，相思始觉海非深。

爱如潮，情似水，恰如你心与我心。

心曲

听琴听弦外，

作曲谱心中，

高山流水遇知音，

彩云追月思绵绵。

一曲离愁难写，

泪痕点点无言，

海水深深深几许？

不抵相思半。

白云悠悠去，

不再忆当年！

秋意

今夜风凉如水，暑气尽退，一团秋意浓。

七夕来临，微云暗度，几许欢情，几多忧愁。

相逢草草，别恨难穷，一生相思情。

飞向远方

坐在桌前，任凭汗水流淌，享受夏的猖狂。

即便热浪滚滚，心中静谧，依然一片清凉。

我的心儿，随着诗，飞向远方！

月影红心

月影红心，为爱而显，百年轮回，千年情缘，相约人世间。

久别重逢，朦胧泪眼，深情点点，两两相惜，驱走冬之寒。

懂得

相遇于心上，

相守于灵魂，

懂得胜过千言万语。

千山万水阻隔不了心的遇见，

岁月流年变不了执着的信念。

身在天涯心在咫尺，

情在墨里爱在心里，

懂是最深情，

懂是最感激。

彼此眷恋，

真情相伴，

是生命的一种交集，

是心灵的一种相依。

因为有你在身边

天纵然很冷很冷，

我的心却温暖一片，

只因为有你在身边。

即便走进一座孤零零的小岛，

周围唯有天空和大海，

唯有海鸥飞向蓝天，

但我一点也不感到孤独，

只因为有你在身边。

也即便走入一片原始森林，

那里茫茫无人烟，

森林里荆棘丛生杂草一片，

我依然感到幸福万千，

只因为有你在身边。

遇见

你我的遇见，

如山花遇见了春风，

烂漫了整个山峰。

亦如山涧的清泉，

荡涤蒙尘的心灵。

今生为你而来，

为你而爱为你而生。

世事变幻，

岁月如河奔流，

繁华如烟云飘散，

唯爱永恒。

爱是你懂我想说的，

爱是我懂你冷漠背后的深情！

泪水相融，

不能再错过，

纵然风雨兼程，

只为无悔今生！

既然，遇见了教育，选择了教育，就要为教育奉献一生！

我的快乐就是想你

我的快乐就是想你，

想你的日子是那么甜蜜。

下雨的日子，

我的思念就是雨滴，

滴滴沁入我的心里。

风起的时刻，

我的思念就是白云，

随着风儿飘到你的怀抱里。

雪飘的时节，

我的思念就是梅花，

在寒风中绽放美丽。

我的快乐就是想你，

生命为你跳动，

为了你呼吸。

你是我的最爱，

无人能代替，

今生今世只爱你！

思念

一别之后，

两地相思，

虽说三四天，

如隔五六年，

七弦琴声无心听，

八面来风寄情缘，

九曲回肠向远方，

十里长亭望云卷。

百思念，

千回转，

万般缠绵，

意合情投心相连。

深夜里想些什么

深夜里想些什么呢？

窗外的月亮问星星，

星星眨着眼睛问夜空。

深夜里想些什么呢？

外面的风问路边的树，

路边的树摇晃着身子问大路。

深夜里想些什么呢？

行走的车问前方的灯，

前方的灯闪烁着不吭声。

深夜里想些什么呢？

没关的手机问不眠的人，

不眠的人说：

我在想远方的云，

并且我知道，

云也在想我！

变幻

都是平常的水，

都是平常的酒，

只是经过你的手，

就变幻出多少新奇！

水变得甘美，

酒变得醇香，

好像一首诗在心间流淌，

亦如一支歌在心中荡漾。

喝下那杯水，

不知过了多少岁月，

至今留有余香。

咽下那杯酒，

不管过去了多少岁月，

依然荡气回肠！

海边

你在海那边，
我在海这边，
海浪涌来，
那是你在呼唤吗？

走在沙滩上，
海风有点凉，
涛声阵阵，
那是你在聆听吗？

山拥着海水，
海水依着山，
山水相依，
那是爱的牵手吗？

大海的夜色，
深邃而旷达，
海天一体，
那是心的相通吗？

有你人间才美丽

教育选择了我，

我就是教育的。

选择了，不后悔，

勇往直前走到底。

今生有缘只为你，

有你人间才美丽。

也曾失落苦徘徊，

哪怕风冷雨霏霏。

纵然泪滴湿花蕊，

心中有爱不觉累！

雨

雨打叶，雨拍窗，尽在有声里。

心相印，心相悉，皆在无言中。

倾诉

倾诉是真情的流露，

像空中积压的浓厚乌云，

在狂风和雷电的夹杂下，

摇身一变从天空一泻而下，

使劲地拍打地面，

冲刷着世间的一切。

大雨过后，

阴暗和郁闷一散而尽，

万物变得格外清新，

终于可以尽情地呼吸，

直到现在才明白，

原来乌云是雨的化身。

走进东方

——写给儿子的诗

你走进东方，

你就是一颗耀眼的东方之星，

而且是最耀眼的那一颗。

无论条件多么艰苦，

不管困难多么重重，

你一定昂首阔步向前行！

路要靠自己走，歌须从心底出，

美丽需要汗水浸润，鲜花也要辛勤呵护。

既然走进东方，

就要做一枚东方之珠！

绽放万丈光芒，照射万里晴空！

游漓江

游漓江画廊，把景色拍倦。

坐船上凝思，美从哪边下凡？

山千姿百态，水清冽翠绿，

树葱葱茏茏，美景怎此万般！

爱是什么

爱是什么？

爱是暗藏心底多少年的一句话，

爱是那句话说出来便泪如雨下。

爱是你的微笑让我如诗如画，

爱是你的忧愁令我孤苦天涯。

爱是你我无言中的默契相携，

爱是你生气时我的忧心害怕。

爱是牵手历经风风雨雨，

爱是风雨后的彩虹披挂。

爱是一起看夜空中的星星眨呀眨，

爱是飞越蓝天拥抱山峰的一刹那。

爱是雪花飘舞飞满地，

爱是雨丝风片美如画。

爱是双目对望依然相思，

爱是十指相扣走遍天涯。

忆往昔

忆往昔，

忘不了冬晨踏雪行，

忘不了夏夜听蝉鸣，

忘不了歌声伴秋雨，

忘不了踏青迎春风。

雪一样的心，

夏一样的情，

秋一样的思，

春一样的梦。

情海无边，

真爱难逢。

一次次离别，

一次次重逢，

最真还是千年情。

路漫漫，

情漫漫，

云蒙蒙，

雾蒙蒙。

梦醒时分泪拭去，

今生无悔痴一生！

景阳冈重游

旧迹景阳冈，今日又重行。

时隔廿八年，历历当年情。

原仅一土岗，小屋孤零零。

屋后树丛丛，却无路可行。

屋内留纪念，便可踏归程。

现为山神庙，庙后通幽径。

顺着台阶走，可观左右景。

设有古箭场，猴山有精灵。

老虎池中卧，林中鸟飞行。

山有武松庙，设在最高峰。

峰下湖环绕，湖中显倒影。

行至打虎处，青石板上停。

当年英雄气，顿时心中涌。

如今成佳话，民间争传颂。

思绪

往事如梦，

花艳水长流。

何处合成愁？

聚散心如秋。

杨柳依依雨霏霏，

相思绕群楼。

冬来到，

雪花飞舞，

红梅俏枝头。

我拯救了银河系

上辈子，我拯救了银河系，

所以，这辈子我遇到了你！

四千亿颗星体，哪一个是我？

哪一个是你？

我只知道，你是我永恒的唯一！

乳白是银河的颜色，

执着是爱情的本意！

爱你是我的责任！

有你生命才有意义！

雨游千佛山

观景心寄景，游山情满山。

秋风弹奏，雨歌轻婉。

登至峰上，秋风急，秋雨凉，

雨衣拍身，登高望远，茫茫一片。

云雾穿梭，风声如雷，

树枝劲摇恐折断。

远山若隐若现，此般胜境，曼妙无限。

相思又起，顿生孤单，

唯盼一生牵手，光照心间。

大江流

长长的路，慢慢地走。

深情滋润，细细感受。

白天听花开，夜晚看星斗。

两目对望，相思依旧。

十指相扣，一生相守。

爱似潮水涌，情如大江流。

细雨

细雨霏霏，写尽人间诗意。

洒向桥边，柳丝低垂喃语。

滴在花蕊，袅袅红色欲滴。

美丽遇见，牵起相思不已。

诉说故事，万般愁怨情绪。

落在人间，激起万般涟漪。

秋雨

雨中去，雨里来，去来雨相随。

秋风冷，秋夜寒，冷寒秋缠绵。

选择

只要路是对的，

就不怕山高水长。

只要是值得的，

就不惧世事沧桑。

梦想与现实，

往往就隔一座桥梁。

等待退缩，

只能失落张望。

行动跨越，

才能迎来绚丽芬芳。

夏雨

外面小雨淅淅沥沥，

湿了整个夏季。

天空阴沉沉笼罩着大地，

大地任凭雨的吮吸。

乍暖还寒如初春，

风送冷意似秋季。

又如初冬来临时，

一天享受四个季。

你的美丽

你的美丽，造化所描，

你是我的挚爱我的唯一，

你的温柔如山间清泉，

润泽着我的心灵。

你明亮真诚的眼睛，

所触之物都赋予诗意；

你的神采无人能及，

令我羡慕令我神迷。

感谢千年情缘，

让我们今生相遇相知相爱相惜，

我知道能爱上你是我的福气，

为见证忠诚，我会尽心尽力。

待到头发花白我才敢夸口我多么爱你，

并接受你的考验，肝脑涂地。

遇见

你的眼睛里装满星河，

你的微笑是我生命盛开的花朵。

对你的爱堆成了高山，

对你的思念汇成湖泊。

万万人中遇见你，

我是多么幸运多么快乐。

回首走过的岁月，

浪漫温馨也有坎坷。

有夏雨春花秋风冬雪，

那是我们共同谱写的四季歌。

感谢有你，

喜欢你爱上你是我生命最美的选择！

采摘

芸豆蘸酒茶为伴，

棚内棚外两重天。

外面初冬临，里面夏日炎。

黄瓜直直豆角弯，风景一片片。

青蛙叫，瓜苗淹，

想起去年雨连天。

去年唱歌心不语，

今年丰收喜连连。

和你虚度时光

只想和你虚度时光，

一起散步，

一起流浪。

从黎明到星光，

从天黑到天亮。

一起听风喃喃自语，

一起看水汩汩流淌。

对饮过朝夕，

静静品茶香。

今天这样，

明天还这样。

明明浪费的时光，

变成一行行诗，

流淌，流淌……

时空穿越

城市静默，人居家中。

与书对话，穿越时空。

竹林近水绿，桃树一片红。

如至当年，心潮汹涌。

是是非非，如烟如风。

深院月影斜，有情似无情。

惊涛骇浪，云起雷鸣。

终化作古，无影无声。

识得真面目，不在此山中。

我喜欢

我喜欢鲜花绚丽，高山巍峨。

我喜欢内心平静，远离尘嚣。

我喜欢静静沉思，仰望星月。

我喜欢朝阳灿烂，洒满金色。

我喜欢落日余晖，晚霞照我。

但这一切都有个前提，

那就是，有你伴我！

让我怎能不想你

你的话语时刻飘在我的耳际，

如春风喃喃细语，

让我怎能不想你？

到处是你的身影，

你在世界的各个角落里，

让我怎能不想你？

你是我的天空，云是你的外衣，

你的光芒使人间百花盛开，

你的美丽让世界惊艳无比！

让我怎能不想你？

所有的山因你拔地而起，

一切的水因你奔腾不息，

我的思念因你而长出羽翼，

让我怎能不想你？

第五辑
思若泉水

「思若泉水」源自我们开展的一项活动——「美天心语」，即每天坚持写一句话、一段话，可以是阅读的提炼，可以是思维的碰撞，可以是心灵的交流，也可以是智慧的灵光乍现。这是一个读书的平台，一个思考的平台，一个写作的平台，一个交流的平台，一个倾诉的平台，一个展示的平台。有话则语，无语则默，心中所想，自然流淌；言简意赅，直抒胸臆，天南地北，无所不谈。

◆是你的就要努力争取，不是你的不要强求。水到渠成，该来的总会来。真正的拥有是实力的拥有，真正的快乐是幸福的心态。

◆把复杂的工作简单化，把简单的工作条理化。只有简单化，才不会手忙脚乱、理伙不清；只有条理化，才会思路清晰、有条不紊。

◆教师不应只是春蚕和蜡烛，只讲奉献不讲提升。教师应该是棵果树，根深叶茂，郁郁葱葱，不断奉献果实，成长自己。

◆学校不仅是学生发展和成长之地，还应是教师发展和成长之地。"双减"政策的落实，既要给学生减负，也要给教师减负。让学生学得快乐，教师教得幸福，这才是我们追求的目标。

◆以人为人，追求和谐，永葆激情，是一种境界。

◆智慧不是学来的，智慧是通过自己的思考＋实践＋创新而得来的。

◆我们要把自己的思想建立在工作之上，把自己的行为建立在行动之上。工作有思路，行动有出路。

◆不要把自己看得太重，认为离开了你什么都不行；也不要把自己看得太轻，认为什么都与你无关。谦虚谨慎，慎独慎行，牢记责任，不忘使命。这样，才能获得尊重！

◆真情是用一颗心温暖另一颗心。

◆精心是态度，精细是过程，精准是方法，精致是目标，精品是结果。

◆心中有光，到处是光明；心中有爱，做梦亦温暖。

◆不想被别人淘汰，就要勇于自我淘汰，要想超越对手，首先要超越自己。领先一步就是胜利，快上一秒就是冠军。

◆早饭时脑海中呈现一句话，引起我的思考。一个单位的领导，如果领导着一群不思进取的人，他的能力将无法施展，目标也无法实现；如果他领导着一支和谐、敬业、有责任、有激情的团队，脚踏实地、实实在在地工作，那么没有什么艰难险阻不能克服，目标总会实现。

◆要用陌生的眼光看待我们熟悉的东西，善于发现其中的内涵和实质，这样才不会感到倦怠，才会有所收获。

◆追就追得执着，干就干得投入，想就想得深刻，玩就玩得酣畅，爱就爱得坚定，走就走向远方。

◆教育无大事，事事皆教育；教育无小事，事事见真情。

◆教师的功夫在课堂。课堂教学应突出精心、灵活、实质、高效。

◆生活很简单，关键是我们以什么样的态度对待生活，生活就会反过来以什么样的态度回报我们。

◆教师的品德像风，学生的品德像草。风吹向草，草就随风倾伏。教师的一言一行，直接影响着孩子。

◆将心比心，推己及人，己所不欲，勿施于人，成人之美，与人为善，应该是我们一生的修行。

◆你一言、我一语，搭建心桥梁；
　你一句、他一段，谱写心篇章；
　　心心相印。

◆微信传情，暖风缕缕，说尽心中意；云在青天，思绪翩跹，人间情难寄。

◆什么都可以伪装，唯独正直、坦然无法伪装。心里干净，敞亮通达，便问心无愧。

◆自信很重要。"人不自信，谁人信之？"长期生活在"我不行"的环境中，压抑消极被动应付，怎么能成功？"说你行，你就行，不行也行！"力排干扰，奋发进取，突破创新，不成功也难。所以，一个人必须拥有自信，一个学校必须全面启动教师的"自信系统"，才能迅速发展。

◆团结、和谐是单位发展的主导力量。"互相搭台，好戏连台；互相拆台，都得垮台。"搞不团结是一个人没本事、不自信的表现。团结互助是一个人品格和魅力的体现，需要从自身做起，从一点一滴做起，而且要持之以恒。

◆富有特色的校园文化，要求学校的校长和老师要有丰富的人文思想，其来源有三：一是读书，二是实践，三是研究。

◆团结很重要，和谐很重要。"有容乃大""厚德载物""宽容得众"，要记人之功，容人之过，做到爱群、乐群、利群。爱群，就是要热爱你的集体和同事；乐群，就是要把一起共事当成一种缘分和乐趣；利群，就是要善于帮助别人，为别人排忧解难，为大家谋利益。

◆学校是教书育人之地，应实行人性化管理、人情味服务。人人都应做到：理解别人，欣赏别人，高看别人，帮助别人，善待别人，包容别人；有声有色地工作，有情有义地相处，有滋有味地生活。

◆当一个人对事业的追求达到一心一意的境界时，思想将不再流浪，精神将不再漂泊，行动将不再迟疑。

◆学习不只是对知识、方法、技能的学习，为人处世、待人接物也是一种学习，而且更有价值意义。

◆教师专业化发展的途径只能是学习、实践、研究、创新。教师专业化成长的自觉是教师长远发展的关键。像禾苗一样，不成长就枯萎，教师自觉发展、主动发展，才能享受教育的幸福。

◆感恩所有的相遇，只因遇见了你，世间一切不经意的事物，我们都可以一起去欣赏，去领悟。

◆要善于把事情做到前头，争取做到：明天的事今天做，今天的事立马做！

◆校长应拥有四种素质：一是要有理念，有确定目标、完成目标的能力；二是要有凝聚力，有亲和力，打造一支和谐向上的团队；三是要有激情，永不言败，敢于亮剑，敢于争先；四是要有责任，勇于担当，不辱使命。

◆学校工作要做好分工，搞好协调。努力做到：人人有事做，事事有人做，时时有事做，事事有时做。

◆该争取的要争取，争取本身是一种幸福；该放下的要放下，释怀其实是一种境界。

◆习作课堂教学改革，要坚持全方位、多角度的方式，把听、说、读、悟、写融入课堂教学。凭借"多、广、活"的教学手段，优化习作课堂，即采用多种方法，通过多种途径，激发学生习作兴趣；给学生提供广泛的习作时间和空间，让学生随时可以阅读，时时可以写作；鼓励学生走进生活，了解生活，思考生活，感悟生活，写生活小事，说心里真话，吐真情实感，悟生活真谛！

◆敬业，是对一个人最基本的职业要求。如果一名教师是敬业的，那么他的一个眼神、一句话语、一个动作有可能会改变一个学生的命运。我们常说父爱如山、母爱如水，而事实上，孩子在学校和老师在一起的时间远远多于父母，老师能给予得很多，因此我们同样可以说：师爱如水如山！

◆让校园文化濡养人，让课堂教学留住人，让课外活动吸引人，让个性特长发展人。教育应该给孩子提供良好的文化环境，快乐、高效的课堂，丰富多彩的活动，发展特长的平台。

◆人人都能参与，并在参与中求知；人人都能快乐，并在快乐中成长；人人都能自主，并在自主中发展。

◆校长的领导力，生于实践，养于文化，重在行动，贵在反思，精在研究。校长不能只是一只辛勤的蜜蜂，而要成为一个"放风筝"的人，要做到"心中有天空，眼中有目标，手里有分寸，脚下有土地"。

◆学校本质上是对一种文化的适应与认同，校长的基本职能是对文化的传承、改造和创新。因此，办学归根结底是弘扬文化。学校要呈现文化精华，要有自己的特色，特色是学校发展的核心竞争力。建特色学校，最受益的是学生和老师，归根结底要学有特点、教有所长、管有风格。

◆手捧白雪，凉的是手，净的是心，雪的相伴，冬的回忆，与你同行，暖了整个冬季。

◆不要总是找不能实现的理由，而要尽力创造如何实现的条件。

◆建设特色学校对校长的要求：具有教育家的思想与气质，具有企业家的精明与务实，具有社交家的机智与幽默，具有军事家的智慧和谋略，具有艺术家的情感和想象，具有改革家的胆量与气魄。我们不可能成为这么多"家"，但我们应该向这些"家"潜心学习。

◆习作离不开阅读，如果习作是鱼，那么阅读就是水；如果习作是船，那么阅读就是海。习作更离不开生活和实践，因为做得精彩才能写得精彩。

◆一所学校既要有骨架，也要有血有肉，还要有情有爱，这才算是一所有品位的学校。

◆失去的只有心外的东西，内心的东西是不会失去的。

◆作为一名教师，要不断地学习，从根本上提高自身素质。要有发展的方向，明确人生的"三点"：原点（我现在怎么样），支点（我的发展条件是什么），远点（我的未来怎么样），让自己从生存型教师逐步转向发展型教师。

◆习近平总书记说过，"人生的扣子从一开始就要扣好。"工作的"扣子"也是如此，从一开始就要扣好，就要明确方向，踏踏实实，尽职尽责。

◆职业幸福，心灵自由，让教育既有意义，更有意思；既有兴趣，更有趣味。

◆心中有爱，生活就变成了诗。生活有诗，内心就变得浪漫。心中有爱，快乐满怀。生活有诗，活出精彩。

◆构建"书香社会"，打造"书香中国"，有两个条件：一是全民阅读，二是政府提供条件。建设"书香校园"也有两个条件：一是全员（师生）阅读；二是学校提供条件，利用好图书室、阅览室、图书角。读书要把握一个标准：要读好书、读经典、择卷有益。

◆关于饮酒的思考：少饮可以激发灵感，多饮却会停滞思想，过饮甚至会摧毁人的思维。

◆要做自己能做的事，要做对自己、对他人有益的事。反之，总是羡慕和嫉妒别人，这山望着那山高，光想做自己不能做的事，只能让自己苦恼和烦闷，也绝对不会成功。

◆做最好的自己，前提是认识自己，而认识自己本身就是一件不容易的事，正如"有力不能自举，有目不能自视"，一个品行不好的人，总认为自己多么高尚，而不知内省和改变。当局者迷，旁观者清。所以，一个正直的人应该每天"三省吾身"，还要善于把别人当作镜子，从而认识自己，改变自己。

◆阅读应该大力提倡，但不能仅仅强调阅读，而忽视了与其同样重要的"听""说""悟""写"。

◆要大胆地尝试，不尝试你怎么知道自己能行？犹如练拳，不要怕动作不标准、不优美，优美来自丑中练。又如打球，不要因为打得不好而不敢进球场，不敢与人对垒，要有不怕输的精神，越输越打，打球技术才能突飞猛进。

◆爱听赞美是人的天性，相反，对待批评大多内心抵触。心中有这种感觉时，要及时调控自己的情绪，多反思自己，少指责别人，少些自我辩护，不要推卸责任，以平常心看待，则心情释然。

◆课堂是主阵地，评价是心中秤，师德是教育魂，培训是催化剂，规划是发展路，实干是力量源。

◆一棵苗品种再优良，如果没有适宜生长的土壤，它将不能茁壮成长。人也一样，即使能力再强，如果失去了适宜生存的环境，他就不能得到快速发展，也不会取得成功。所以，要善待你的单位，善待你身边的人，因为这是你生存和发展的环境。

◆人的思想犹如风筝。风筝的线断了还能找到家，那是一种缘分；深藏在内心深处的风筝，线是永远不会断的，只想把线放得更长些，好让它飞得更远、更高。

◆不要过分地看重对与错，不要过分地争辩是与非，因为世界上本没有绝对的对与错、是与非，一切只是我们自身对事物的看法和态度而已。

◆没有一支好的团队，就谈不上成功。我们的目标是：打造一支有激情、有爱心、讲奉献、勇于担当的阳光和谐团队。

◆走对了路，每段都是精彩的；做对了事，每件都是开心的；交对了人，每天都是幸福的！

◆世界万物皆有灵性。就像衣服，如果你不好好对待它，你就会感觉穿到身上怎么看都不好看。有时对待事物的态度决定事物的美感。

◆加强"书香校园"建设，要认真落实"一路三带"工程："一路"即走大阅读之路，这里的大包括范围大、氛围广、形式多等方面；"三带"即以协会带动教师，以活动带动学生，以家长委员会带动家长。

◆一个人过得充实与否取决于个人的精神世界，精神世界丰富的人不可一日无书。

◆自然因你而清新，天空因你而美丽，生命因你而充实，生活因你而幸福。感谢生命中认识的每一个你！

◆教育只有抓得真，才会有实效；教育只有抓得实，才会有突破。口号再响，只是宣誓；形式再多，只是外表。华而不实背离了教育的本真。

◆在一个单位，每个人都要想干事、能干事、会干事、干成事。要做到心中有数，这个"数"就是心中有工作，工作有思路、有目标、有计划、有安排、有实施、有效果。

◆教育应该是开放的，不应该是封闭的。现代的教育应该是学校、社会、家庭三大教育的良性、和谐发展。目前我们迫切需要做的是激发三者之间的良性互动。有效家访的提出和开展给教育打开了一扇通往良性发展的门。

◆读书要静心，要自觉，要成为习惯；写作要耐心，要坚持，要成为必须。

◆去年十五闹元宵，今年元宵静悄悄。其实，最美的景色不在热闹，而在感受、在身心。静是温馨，静是甜蜜，静是境界。春节已过，春光来临！

◆学校管理要做到：严谨、务实、规范、创新。严谨是态度问题，态度不端正，管理就会变质；务实是作风问题，作风不正派，管理就会变态；规范是标准问题，标准不明确，管理就会混乱；创新是目标问题，目标不鲜明，管理就会滞后。

◆要严格经费使用制度，按照"多办事、办实事、办好事、办最迫切的事"的原则，经费支出必须公开透明、实事求是。该办的事立即办，不该办的坚决不办。好事再小也要做，坏事再小也要杜绝。做人讲品格，做事讲原则，工作讲效率。

◆别人骂你一句，你回骂他一句，这叫吵架；别人赞美你一句，你回一句赞美，这叫社交。别人骂你一句，你心平气和，不动声色，这叫修养。

◆当你排队的时候你会发现一个规律：另一排总是动得比较快；当你换到另一排，你会发现你原来站的那一排就开始动得比较快了；你等得越久，越感觉自己可能是站错了排。这就是神奇的墨菲定律现象。所以，不让自己后悔的最好方法就是认定方向，坚持到底！

◆记得一位作家说：人生有两大目标，一是得到想要的东西，二是享受得到的东西。只有聪明的人才能实现第二个目标。我却认为，能把得到的东西和最亲近的、懂你的人一起分享，那才是最聪明的人。

◆"每天三要"：我要工作，尽职尽责，在工作中寻找价值；我要进取，不得过且过，不思想松懈；我要反思，付出什么，收获什么，过得怎样。

◆我们不能"管"字当头，要"理"字优先。校长要体恤师生，大爱无边，身先他人，严于律己。我们不能"管"而忘"理"、"威"而忘"信"，否则，管理无效，威信尽失。

◆工作不愿意干的占80%，愿意干的占20%，要尽力把80%干好，发展人、锻炼人都在这80%，这就是二八定律的意义。

◆要有这样一种心态：从倒霉的事中看看能不能有所收获，因为，有一失必有一得，有一苦必有一乐。

◆做事的三条底线：1. 做有利于别人的事；2. 不做损人利己的事；3. 千万不要做损人不利己的事。

◆作为一名教师，要形成自己的教学思想、教学理念，思想理念从何而来？从学习中来，从思考中来，从探索中来。勤于学习，敏于思考，勇于探索，是人生成长的三部曲。

◆新农村建设：一看路，二看住，三看环境，四看树；特色学校建设：一看环境，二看文化，三看习惯，四看项目（指特色课程、特色活动等）。

◆不管在哪里，工作对我们来说都是神圣的。不能拿工作开玩笑，不愿意干的也要尽力去做好。因为如果不愿意干的都能干好，愿意干的还干不好吗？

◆自我管理很重要。靠领导约束、制度约束的管理是强制性管理，给身心带来的是压抑和疲惫；自我管理是人格素养和境界的一种体现，给身心带来的是愉悦和放松。

◆规范学校管理，让学校发生质的改变；潜心研究课堂，让课堂焕发爱的色彩。

◆为什么要"负重前行"？因为敢给自己压担子，你才有前进的方向和动力。这副担子，会促使你用奔跑代替漫步；没了这副担子，会在无形中松懈甚至瓦解你进取的意志，它可能会让你享受一时的轻松，却让你离人生的目标越来越远。

◆凡事做就要尽心尽力，就要追求尽善尽美，要竭力做到优秀，让优秀成为习惯，可以惠及一生。成功最大的敌人就是自己。只有不断克服自己的惰性，不断超越自己，一个人才会变得更加优秀。只有让优秀成为一种习惯，才能获得非凡的成功。

◆要爱孩子的本身，而不是成绩，也不是表现，孩子的笑脸是对我们最大的报酬。

◆开展阳光体育，打造阳光大课间，让学生动起来，让教师动起来，学生喜欢什么项目，我们就开展什么项目，乒乓球、羽毛球、武术、柔道、太极拳等，变"大锅饭"为"自助餐"。

◆你所从事的职业不一定是你喜欢的，要么去改变自己的职业，要么让自己尽快喜欢上从事的职业。选择了就要给自己正确定位，就要脚踏实地，开辟属于自己的一片天空。

◆做人要有身份证，要遵纪守法，不能恣意妄为；开车要有驾驶证，要遵守交通规则，不能横冲乱闯；企业要有生产许可证、营业执照，不能非法运行；同样，办学、办园要有许可证，必须处处规范、项项达标、服从管理，不能不管不问，我行我素。

◆有些事越刻意去做，越办不成，是因为事情还不具备成功的条件；有些事经过努力，本想放弃却仍在坚持的过程中，不经意便成功了，正所谓：水到渠成。

◆没有行动，所有的言语都是噪声。做事，一旦明确了方向，不要在原地徘徊，要迈开步伐向前冲。

◆教育是柔和的，好的教育能让孩子体验到慈爱、善良；体罚和变相体罚学生是强硬的教育，是没有爱的教育，是冷漠无情的教育。

◆一个人要想进步，必须具备独立思考的能力；而独立思考的内容和基础就是知识，没有足够的知识为基础的思考，只能算空想；避免空想的方法只有学习。

◆人是有区别的：性格、追求、爱好、价值观等各不相同。所以，人们看待事物的态度是不相同的。最好的不一定是最适合的，适合自己的才是最好的。

◆王阳明的一位学生对他说：我每次提及您的观点，总会有人和我辩论，让我很生气。王阳明听了回答说：我听到别人批评我，一点都不会生气，反而还要感谢他给我指导。如果你听到别人的批评就不高兴，甚至记恨，说明你的修养还不够，还达不到这种境界。

◆学校不仅仅是传授知识的地方，更重要的是产生知识、生成品格的地方。

◆开会不是目的，解决问题才是根本。会还是要开，开会是为了统一思想、明确方向、步调一致，然后必须积极行动、狠抓落实，一个实际行动胜过一堆纲领。解决问题要严格标准、从严要求，要盯住问题不放，发扬"钉钉子"精神，完善制度机制，厘清问题实质，找出解决问题的方法和渠道。

◆管理的要义不是"管",而在"理"。如若我们将"管"看成自上而下具有刚性特质的话,那么"理"则表现出由内而外的柔性特质。

◆读书应成为一个人生活之必需。读书是一种能力,一种态度,一种习惯,一种生活方式。只有不断阅读,生命才不会感到空虚,才能使自己变得高雅。

◆金圣叹说过:"饭前思得一文未作,饭后作之则为另一文。"所以说,灵感就在一瞬间,瞬间过后灵感变。一旦忘记再难寻,再寻已是茫茫然。

◆学校的教育水平取决于教师的水平;学校教学质量的提高,取决于教师专业化发展水平的提高。所以,切切实实抓好教师的专业化培训,迫在眉睫。

◆工作的落实,首先是态度问题,其次是能力问题,第三是品质问题。说实话,办实事,办好事,讲工作,讲付出,顾大局。工作对事不对人,不能只讲情面讲照顾,因工作的默契而加深彼此的情谊,这才是最珍贵的。

◆注意节约,全靠自觉。比如开空调前先关闭窗户,出门时记得关掉空调;看见忘关的灯主动去关;看见水龙头滴水主动去关闭等等,这些看似是小事,却是一种习惯,也是一种素质。

◆工作要讲执行力。要雷厉风行，做到"案无积卷，事不过夜"。

◆作为一名教育工作者，我们应该做到：倾听心灵声音，回归教育本色，守护教育本真。

◆我们应该像茉莉花茶，把苦涩藏在心里，散发出来的都是清香。

◆要竭力做到：不求回报，尽心尽力；从不计较，全心全意；风雨同舟，真心真意；融入生命，惺惺相惜。

◆细节决定成败，"船小好调头"，从小处着手，要做到小而精。学校教育质量的提高来源于科学规范的精细化管理。

◆学校就是你的家，心中责任永牵挂。
　　大事小事抓在手，正身肃己你我他。

◆喜欢做的事情，不会感觉累；被强迫做的事情，才会感觉累。所以，要高高兴兴、心情舒畅地去工作，不要认为工作是给别人干的，工作都是为自己干的。沉下心来做点事情，其实是人生一大乐趣。

◆茶凉了，就倒掉；人累了，就休息；心累了，就淡定。

◆每天进行一次跑步锻炼，每天上好一节课，每天读书不少于一小时，每天背诵一段经典或一首诗词，每天写一篇教育随笔，每天进行一次小结。我认为，一个人如果能如此坚持三年，就可以成为教育大师。

◆学校特色发展，应改善条件，搭建平台，优化机制，创建工作室，开设特色课程，培养特长教师。学校创建一个"自由时空"，教师就会如鱼得水，学生就会快乐成长，教育就会魅力无限。

◆梁漱溟说："我觉得每人最初的动机都是好的，人与人都是可以合得来的，都可以相通的。不过同时每一个人亦都有些小的毛病……故人与人之间，常有不合不通的现象。"出现不合不通，出现矛盾，发生争执甚至争吵，正是人的毛病暴露的时候，是正常的，此时关键是自控，从自身找问题、找毛病，及时祛除和医治，否则就要伤害感情，影响团结。

◆没有做不到，只有想不到。想到了就要立即行动，把思想和智慧体现在行动中。只要有利于学校发展的，事再小也要全力以赴；凡是不利于学校发展的，哪怕是一句话也坚决不说。

◆教育离不开惩罚，没有惩罚的教育是不完整的教育。惩罚不是体罚，要讲究惩罚的方法和批评的艺术，批评要有针对性，目的要明确，要把握时机，注意场合。

◆工作要讲效率。要克服无效，抵制低效，夯实有效，追求高效。

◆打造书香校园，读书吧的创建是重要一环。要充分利用合适的空间，"见缝插针"，创建富有特色、有创意、有新鲜感的读书吧。

◆工作不能只讲感情。只讲和谐，不讲工作，那不是真正的和谐，老好人思想要不得。否则，什么事都干不成。

◆以活动带动学校全方面发展。水只有流动起来才不是一潭死水，人只有灵动起来才能绽放风采。丰富的活动可以带来无限的生机和活力，可以凝心聚力，可以增加文化底蕴，是学校发展的法宝。所以说，活动即生命。

◆干工作要注意总结经验，查找不足。该发扬的要坚持，该摒弃的要放手，该改进的要研究，该创新的要突破。

◆作难，说明发展的机遇来了，没有难题就没有突破，要知难而进，乘风破浪，才能成功。我们不能做困难的俘虏，要做困难的"挑山工"，挑起的是责任，挑起的是担当。

◆一所学校的学生充满荣誉感，教师充满幸福感，校长才能有自豪感。

◆做人应该牢记：不要因一时之利，而失一生之誉。

◆校长要有"景点"意识，把校园变成花园，变成乐园，变成文化园，要把学校的方方面面打造成精细的景点。

◆作战，如果没有指挥，没有训练，没有武器，没有兵法，就不会胜利；教育，如果没有方向，没有投入，没有文化，没有习惯，就不会发展；教师，如果没有信念，没有坚持，没有纪律，没有压力，就不会提高。

◆不管遇到什么问题，都要静下来思考一下，不理解的可以询问。关键要心平气和，正确面对。能自己解决的不寻求别人的帮助，能内部解决的，决不向外张扬。真诚交流，真心相待，荣辱与共，顾全大局，携手共进，传播正能量，为教育的辉煌贡献自己的力量！

◆冬天没有雪花是不完整的，生活没有追求是没有意义的。人生的意义在于价值，价值的高低决定幸福指数的高低。冬天因雪花而完整，人生因奉献而美丽！

◆感谢都是表面的，感动才是内心的。

◆认真做事只能把事情做对，用心做事才能把事情做好。

◆"学然后知不足"，不学则无知，则无事生非，则不知天高地厚，则狂妄自大，则胡言乱语。学习让人明事理、懂规矩、识大局、有涵养，让人变得谦虚高雅、平易近人。

◆有事说出来，有怨吐出来，有建议提出来，有意见摆出来。凡事不要压在心底生闷气，自己猜测的大多都是无中生有的，生气大多来自误解。

◆一项工作的落实应该做到以下五点：1. 高度重视，态度端正；2. 领会透彻，心中有数；3. 安排到位，明确分工；4. 重点在前，层层推进；5. 明晰步骤，效果追踪。这也可以叫作"五步工作法"。

◆作为一所学校的校长，要高标准定位，勇于担当，鼓足干劲抓落实。职务不是待遇，不是级别，不是享受，干一天就要干好一天，负责一天就要对得起这一天，不懈怠，不应付，不推诿，不逃避，无所畏惧冲在前，一心一意谋发展。

◆毛竹种子萌芽后，前4年只长3厘米。但第5年后每日长30厘米，仅6周即可高达15米。

为何？原来，前4年毛竹在扎根，根系可延伸百米。

启示：努力却不见成果，并非不长，而是在扎根，要坚持不弃。付出是扎根，坚持定有回报。

所以，"3厘米成长"尤为重要。

◆校园文化，不只是氛围，更是一种积累、一种沉淀、一种风气，需要长期建设。

◆工作应该讲底线。讲底线就是要遵守规则，坚守良知。规则是外在的约束，良知是内在的自律。

◆创建特色学校的三种路径：一是确定学校发展的主题，二是寻找、建设特色项目、特色课程，三是打造自己的校园文化。

◆阳光总在风雨后，收获总在付出后。

◆关于课后延时服务的思考：

1.教师辅导要尽职尽责；2.服务内容要丰富多彩；3.家庭作业尽量不留书面作业；4.校长要进行跟班检查，每天做好记录；5.分组抽查，每周做好记录；6.及时召开家长会，发放征求意见表，方便家长反馈意见、建议。

◆开展"师生大合唱"活动，要上升到教学层面，即"合唱教学"。合唱是学校音乐教育的一种重要形式，加强合唱教学，可以很好地激发学生的学习兴趣，培养音乐情感，提高团队合作能力，陶冶审美情操，激发创新精神。合唱教学应从低年级学生抓起，应以学校为主阵地，当然也要走出校园，感受生活，拓宽视野。

◆三好学生：品德好，学习好，身体好；三好教师：带好班，上好课，育好人。

◆工作要有激情，有激情才有战斗力，战斗力是取得胜利的法宝。如何保持工作激情？先做到三点：1.有思路。要敢想、勤想、善想、会想、能想，因为思路决定出路。2. 有态度。正确的工作态度比什么都重要，工作态度不端正，什么都干不好，因此要率先垂范，以身作则。3. 有行动。"一语不能践，万卷徒虚空。"读书、学习、思考的目的是运用和实践，光心动不行，要把行为化作行动，知难而进，奋力前行。

◆抓好青年教师队伍建设，让他们发挥潜能，发挥特长，展现风采。

◆午饭后，躺在沙发上，难得一时闲暇，拿起手机，在屏幕上画出一串串字符，记下片刻的所思所想，是一种享受。有好多话想说，又感觉欲说不能，内心迸发出一种激动，却无法用语言形容。平静下来，方知欲说不能的原因，原来是读得少、写得少、思得少、悟得少，知识贫瘠、能力欠缺的缘故。记得苏轼说过一句话，写作是他的人生至乐。原话一时想不起来，于是我从网上查阅，查了半天也没找到。又从书橱里翻，还好，一本《苏东坡传》映入眼帘，急忙翻阅，很快查到，当时我还特意做了标记。原话是"我一生之至乐在执笔为文之时，心中错综复杂之情思，我笔皆可畅达之。我自谓人生之乐，未有过于此者也。"让我说，这应该是写作的最高境界！

◆上好公开课，聚焦家常课。如果说公开课是艺术，那么家常课就是生活；公开课讲究精雕细琢，家常课讲究有滋有味；按比例算，公开课占1%，家常课占99%。

◆生命因阅读而丰厚，心灵因真情而感动。

◆一棵树只有放在树林中才显得郁郁葱葱，生机盎然。人亦如此，一个人的发展不是孤立的。作为教师，要融入集体、与人携手共进、团结合作，要与名师对话，与大师交流，才能走得高，走得远。

◆知识的获得应如小溪般自然流淌，而不是如江水般浩浩荡荡蜂拥而至，也不会如喷泉般依靠外力喷出花样。

◆陶醉于群山时，不要再迷恋平原；沉迷于小溪时，不要还惦念着大海。做任何事都要专注专一，不可心猿意马。

◆严格即"严而有格"，"严"是不能失之过宽，"格"是要有一定的标准。

◆作为校长，要正确认识教师的地位和作用，没有教师就没有所谓的校长。依靠教师，发展教师，成就教师，是校长工作的重要内容。

◆遇事不乱，沉着冷静；从容面对，微笑接受；保守底线，坚守良知；以身作则，全力以赴；顾全大局，荣辱与共。

◆一日生活皆课程，课程源于生活，课程为生活服务。学习是为了生活，学习可以提高生活的层次、水平和质量。

◆记得一位教授做报告时说了一句话，大意是：什么是禅？从无办法中想出了办法，便是禅了！

◆"善始者众，善终者寡。"只有持之以恒，坚持到最后，才会成功！

◆要把自己当别人，把别人当自己，这才叫换位思考。学会换位思考，才能控制自己的情绪，做到心平气和。康德说，生气是拿别人的错误来惩罚自己。拿破仑说，能控制好自己情绪的人，比能拿下一座城池的将军更伟大。

◆要学会赏识。赏识带来愉快，愉快带来兴趣，兴趣带来方法，方法带来成就，成就带来幸福，幸福扮靓人生。

◆我们不缺理念，缺的是对理念的深刻感悟和坚持。比如我们提出的精心、精细、精准、精致、精品，与中心小学的几位教师交流，我们工作落实离要求还有很大差距，各项工作还需细之又细，提高标准；再比如以前提过的特色学校创建的三种路径以及莘亭学校特色创建思路，这些都需要我们每个莘亭人去思考、去探索、去感悟、去实践、去坚持，共同绘制莘亭教育的美好未来。

◆建议各学校为学生建立"纠错本"，引导学生正确对待错误、重视错误，有时犯错误也是好事，因为没有错误哪来正确？对待错误，关键是分析，找出错误的原因。纠错的过程，也是学习和进步的过程。

◆教育需要创新，但不能为创新而创新，不能一味地标新立异、独树一帜、尽出风头；而是要脚踏实地，潜心研究，时刻反思，理实结合，这才是创新的本意，这才是教育的本色。

◆自然界找不到两株完全相同的植物，是因为基因不同；世界上找不到两处完全相同的学校，是因为文化不同。

◆无心犯错，大错也是小错；有心犯错，小错也是大错；大错也好，小错也罢，知而改之，并不可怕；怕就怕将错就错，一错再错。

◆知识从哪里来？从阅读中来，从反思中来，从写作中来，从实践中来，从心态中来。

◆"没有教不好的学生，只有不会教的老师。"这句话有争议，说得过于绝对。但是，我时常以"没有不会教的老师，只有带不好的校长"为标准要求自己。

◆一棵树成木，两棵树成林，三棵树成森，百棵树成树林，千棵树成森林，人多力量大，团结出力量！

◆要善待每一位教师，真正的教育既是以人为本，更是以心为本。

◆"事来心应，事去心止。"不要让某一件事干扰我们的情绪，束缚我们的思想，阻碍我们的行动，甚至影响我们的感情，破坏我们的和谐。

◆做教育，我们应该立足生命的存在，关注生命的体验，呼唤生命的活力，提升生命的质量。

◆工作要做到五个"突出"：突出打造一支和谐、敬业、负责、团结的战斗集体；突出从小处着手，把小事做好；突出光明磊落、严于律己、以身作则、率先垂范、一身正气；突出不断学习、不断创新、永不言弃、力争一流；突出立场坚定、顾全大局、多办实事、多办好事。

◆真情做事，智慧处事。我不是智者，但我希望用自己的真情点燃教师的智慧，让教师变为智者。

◆情绪很重要，它可以影响一个人的心态、声誉、威望以及素质。

◆紧张工作，轻松做事。"绳不拧不成绳"，拧过了就会断。要学会放松，时刻保持良好心态，将压力变动力，将动力化激情。

◆面对同样的问题，人与人处理的方式、方法大不相同，为什么？是因为人与人对问题的关注点不同。正如美国哲学家赫舍尔在解释存在意识时说："最高的问题不是存在，而是对存在的关注。"

◆教师要成为"终身学习"的带头者、践行者、引领者，要善于把自己的思想理念转化为工作的动力。

◆发展是硬道理。教育发展最根本的是人的发展，发展学生，发展教师，是教育发展最根本的任务。

◆学校的事不只是校长的事，学校的事是大家的事；学校是全体师生员工的学校，人人都要参与管理；分工很重要，合作是关键。只有这样，学校才能健康、和谐、有序、快速地发展。

◆当你没日没夜地琢磨我该如何上好这堂课，我该如何调动学生的积极性，我该如何把抽象的、枯燥的知识用生动、形象、幽默、机智的语言讲述出来时……这种纠结让你食不甘味、夜不能寐、欲罢不能，你就离名师不远了。

◆为了生活、生存而工作，是职业；为了理想、需要而工作，是事业；为了信仰、追求而工作，是情怀。

◆教育不能轰轰烈烈，教育应该慢而平实。教育是慢的艺术，一蹴而就不是教育而是神话，我们应该立足根本、脚踏实地、持之以恒、知难勇进、百折不挠、永不言弃！

◆我们每个人都应做到"四少四多"：少说空话，多做实事；少评价别人，多审视自己；少虚度光阴，多进行思考；少一点索取，多一份奉献。

◆在一起很幸福，是我们工作的追求。在一起工作确实是缘分，都有离开的时候，也许三年、五年、十年……但离开单位之后，依然能感到在一起时很幸福，那么今生无憾！

◆经验是经过实践总结出来的，理论是在经验的基础上凝练、概括出来的，但这一切都以行动为基础。

◆相信一句话：没有做不到，只有想不到；坚信一种信念：只要努力，真心付出，定有收获！只有历经坎坷路，才能笑迎春风暖，才能双脚踏上幸福路，越走路越宽。

◆善于做事的人，总是在关键的时候做得恰当，做得近乎完美。平时难免有点失误，但关键时候不能有半点疏忽。"关键时候看不准"，是无知和无能的表现。记得一位高才生毕业后找到一份不错的工作，聊起他的领导时说了一句话，他说："我会尽力把工作做得近乎完美，我要让他时时刻刻离不开我。"这应该就是把工作做好的标准。

◆只有恒久地专注，才能孕育成功。正所谓干一行热一行，干一行爱一行，干一行专注一行。

◆开放可以赢得发展，放开才能一身轻松。开放也要讲究适度，放开也要牢牢把握。

◆机遇也是一种相遇，把握住了，可以改变自己的外部世界和内心世界，改变自己的命运。

◆我们可能无法改变外在的遭际，但我们可以努力改变自己的内心世界，提高自己的精神层次，丰富自己的灵魂。

◆苏格拉底说："享受不是从市场上买来的，而是从自己的心灵中获得的。"所以，可以这样说，快乐、幸福不是从市场上买来的，而是从不断地丰富和充实自己的心灵中获得的。

◆伟大源自平凡，平凡最难坚守。

◆把机遇视为财富，把责任视为使命，把付出视为收获。

◆"十步之内必有芳草"，尊重教师的首创精神，发现、完善、增强每一位教师教育工作中的亮点。

◆快乐是成功的体验，劳累是工作的本色。只有经历深刻的痛苦，才能体会酣畅淋漓的快乐。

◆日讲三千，月思万丈。斗转星移，晨光无限。

◆生活应该简单而美好、浪漫而快乐，要把简单、浪漫融进平淡生活的点点滴滴，那么，生命就会变得富有情趣。

◆生活需要思考，思考才能记录美丽瞬间。

◆学校应该以人为本，加强师资队伍建设；以研为题，实施科研创新工程；以境育人，加强环境文化建设。

◆该付出时必须付出，该奉献时就得奉献；该担当时就得担当，该苦干时就得苦干。人活一辈子就落个实实在在，不能落个闲滑懒散。

◆社会培训机构首先有它的社会性，对社会培训机构的规范、查处、清理必须由政府牵头、上下联动、多部门联合执法，而且应查处一起处理一起，形成制度和常态化管理。

◆构建"四园一体"，即将校园、家园、花园、乐园融为一体，把校园建成学生身心健康、快乐成长的家园，把校园建成温馨亮丽、绿色环保的花园，把学校建成团结活泼、丰富灵动的乐园。

◆打造"五美校园"，即校园美，突出亮丽、品位；教师美，突出积极、向上；学生美，突出阳光、优秀；班级美，突出和谐、文明；课堂美，突出生态、高质。

◆事多事少不嫌烦，事大事小责在肩。心中嫌麻烦，态度出问题；心中无责任，工作出问题。

◆一个人的身体再苦再累，但他的心是自由的。社会可以征用你的身体，却无法征用你的精神和灵魂。

◆教学最根本的是激励、唤醒、发现、创造的艺术。

◆余秋雨说，我坦然，于是我心美丽；我心美丽，于是我的人生也跟着美丽。我要说，我执着，于是我充实；我充实，于是我的人生充满意义。

◆在超市里看到一副对联："万里寻茶道，赤壁借东风。"依我理解，商家讲的是缘分，寻找万里不见得有中意的；如果有缘，一阵东风就可以引你前来。世事皆如是，一切随缘，随遇而安，其实这一切都归于心态，一切看开看淡，改变自己，顺其自然，自会水到渠成。

◆教育应该给受教育者良好的文化环境、快乐的高效课堂、丰富的课余活动、有发展的空间平台。我们不能让我们的孩子在幼儿园把天真弄丢了，在小学把兴趣弄丢了，在初中把快乐弄丢了，在高中把思想弄丢了，到了大学把追求弄丢了。

◆要学会寻找问题，善于发现问题，要没事找事，工作不能仅停留于安排，要自己去干。因为教育无小事，处处皆教育。

◆别人的经验做法我们先不要急于去评论，更不要去指责、说三道四。我们应该做的是虚心寻找我们需要的东西，关键要学习内涵和实质，而不是形式和表面。所以，参加各种培训都要虚心、用心、静心，才会有收获。

◆平时需要细致入微的工作，看似烦琐无味没意义，关键时刻可以防止手忙脚乱、不知所措，可以摆脱困境、决胜全局。

◆学校需要"包装"，把学校"包装"好，靠的是扎扎实实、细致入微的工作。

◆看到一句话："专注和坚持比天分更重要。也可以说，专注和坚持才是一种真正的天分。"比如"美天心语"活动，一天一句话，看似简单，长期坚持，却是不易。如果能坚持下去，那将成为一种天分，终身受益。

◆稻盛和夫认为，对于工作其实只有两种状态，一种是自己喜欢的状态，另一种是不喜欢的状态。一个人，一辈子能找到自己热爱的工作，不到万分之一的概率，与其盲目地寻找，不如把当下的工作做好。做工作犹如谈恋爱。所以，我们要保持向上的激情，每天都有新鲜感，要付出，要用心，要真诚。

◆看到一句话："一个人，喜欢什么样的诗，他自己就是一个什么样的人。"我深有感触：生活中不能没有诗，人人都可以读诗和写诗，读诗与写诗的过程，其实就是一个人自我升华的过程。

◆不放弃任何一个学生，不放过任何一次教育时机，学校应将一系列的活动课程化，纳入学校校本课程进行管理，并持续把它做细、做精、做优，形成特色，创成品牌。

◆相逢是缘，相聚是缘，时间长短，一切随缘。什么是缘？我认为，相遇之后，有难舍之意，有思念之心，有牵挂之情，方为缘。有相聚就有分离，有分离就有再聚。相聚时懂得珍惜，分离后依然惦念，才不愧今生之缘。

◆人要像"竹"，扎根基层，节节拔高；不能像"猪"，好吃懒做，养一身膘；人要做"主"，独立自强，顶天立地；不能靠"助"，不拉不走，不推不动。

◆课堂环节一句话：先尝试再点拨，合作展示达标测。

◆用人的标准：一看品德，二看才能。学历、资历、名气等都是附加条件，一个单位的发展和成功主要靠发现人才和使用人才。

◆寸有所长，尺有所短。每个人必定有他的长处和短处，只有做到知人善任，将每个人安排到他应该在的地方，才能充分发挥其聪明才智，单位才能健康和谐、突飞猛进地发展。

◆个人主义看似沾点蝇头小利，其实是害了自己，失去了友谊，失去了信任，自己给自己设置了障碍；集体主义表面上看似吃亏，其实是成长了自己，发展了自己，在你时刻为别人着想、为集体着想时，其实正在成就你自己。

◆古希腊哲学家苏格拉底曾说："我唯一所知的就是我一无所

知。"清代文学家刘开说："非学无以致疑，非问无以广识。"所以，一个人要学会虚心，要直面自己的无知，要勤学善问，才能让自己变得富有智慧。

◆相遇是偶然，相知是默契，相爱是懂得；纯真最美丽，执着最难得，圣洁最珍贵。

◆你努力爬一座山，当你爬至半山腰的时候，一定感觉很累，但是，当你爬至山顶时，再回味半山腰时的那点累算不了什么。

◆教育应勇跟时代的步伐，因为教育兴则时代兴！另外做最好的自己很重要！认识自己本身就是人生的难题。知道自己的存在，为所从事的事业能倾心尽力，这应该是一个普通人最好的选择！

◆善待你的单位，善待你的同事，珍惜在一起的每一分、每一秒，把这些美好的记忆刻在生命里，化作美丽的诗行、美丽的神话！

◆不要轻易否定原有的传统，有继承才有发展。学校需要风格，风格来自传统，传统需要创新。

◆对于别人的评价、批评抑或是指责，我们有时无法改变，但能改变的是我们对待它们的态度。

◆在工作中要做一个有心人，要细心、用心、真心，不要只等安排，或者安排什么做什么，更不能安排了依然不做，要主动去做，思考着去做，创新着去做，把工作当成事业，这才是工作的最高境界！

◆累并快乐着，这是工作最佳的状态。有一种提法说"工作就是娱乐"，能做到这一点实在是聪明之举，我们每个人都应该在工作中寻找乐趣，发现乐趣。

◆领导带头，榜样引领，一线才是我们永恒的阵地。我们要深入一线，深入课堂，走进教师，走进学生。

◆生活对每个人都是平等和公平的，之所以选择不同、结果不同，取决于一个人的心态。

◆人要有一颗平常心，自然随缘，收放自如，还要学会让自己的心"归零"，不要计较过往得失，关键是今天重新开始，随时问自己：我现在最需要做什么？

◆守株待兔，只会坐失良机；积极行动，才能创造时机。机会都是在行动中创造的。

◆雨停了，但地上湿漉漉的，犹如感恩的心。

◆紧抓灵感一瞬间，捕捉生活忙与闲。记下生活苦与乐，留得真情在人间。

◆不要急于评价别人，先要正确评价自己，勇于自我批评、自我革命，这是我们党成功的法宝，也是个人自身成功的法宝。

◆要想把一件事情做好，需要三点：第一要细心；第二标准要高；第三要执着。三点具备，大事、小事、难事、易事皆可迎刃而解。

◆课程领导是一种方法、一种艺术，是摆在我们面前亟待解决的一项重要课题。

◆树立问题导向，要善于寻找问题、发现问题、解决问题。没有解决不了的问题，只有不合适的解决方式和方法。

◆做什么事都要讲程序、讲原则，要遵循事物发展的规律，不能背道而驰。所以，在其位谋其职尽其责，要时刻想着学校的发展，遵循教育的规律，不计个人得失，全心全意全力为教育、为发展，则问心无愧。

◆苦与甜是相对存在的，但是，适度的苦更能让人刻骨铭心，更能催人积极向上，更能使人走向成功。

◆管事靠程序，管人靠制度，管心靠真情。

◆在一个单位，最忌一个字：熬，日子一天天熬过去，什么事都不做，虽然没出什么事，但失去了发展的机遇，贻误了时机，一人之误，误了一方。所以，到一个地方不能留下遗憾，应尽心尽力，抢抓机遇，努力多办事、办好事、办成事。

◆凡事坚持很重要，没有坚持永远不会成功。

◆我引用过一句话："日讲三千，月思万丈。"原来也不知其真意，如今方有新的理解，意思是说每天如果能坚持讲三千句话，每月思考达到万丈，近乎圣人矣。

◆做事犹如射箭，先瞄准再发射。不能优柔寡断，不敢出手；要看准目标，当机立断。

但有些事恰恰相反，应该先发射再瞄准。因为做一件事，目标随时可能发生变化。所以，这种情况下，要先发射，因事制宜。先行动起来，再朝着正确的方向努力，目标变化，瞄准的方向随时调整，跟着变化。

总之，做事该先瞄准时先瞄准，该先发射时先发射，灵活掌握，才能做到百发百中。

◆读书，首先是喜欢，喜欢才深入，喜欢才受用。凡是带有强迫性质的读书大多是无效的，也是无益的。其次，读书要关注现实，这一点非常重要。立足现实，关注生活，分析社会，不死读书，不读死书，读活书，活读书。

◆要给走过的路洒一把汗，让它把花儿浇灌。

◆胡适先生小时候，九年间只学得了读书、写字两件事。那时候他身体弱，不能跟着其他孩子一块儿玩，母亲不准许他乱跑乱跳，不曾养成活泼游戏的习惯。但是，他得到了做人的训练，这一切都归功于他的慈母。"慈母手中线，游子身上衣。"但他的母亲，慈中更多的是严，按胡先生的话说，那叫慈母兼严父。严归严，却从来不在别人面前骂他一句，打他一下，即便做错了事，也会等到夜深人静时，关了房门，再责罚他。严之外是仁慈和温和，从不说一句伤人感情的话，即便受了委屈，也格外容忍。正是在母亲的教育之下、大爱之下，胡适先生才学得了容人之心、接物之气、宽恕之度。我认为，这些都是人生成功的法宝！

◆微风吹拂花渐开，女神佳节悄悄来。

最美色彩半边天，洒遍人间全是爱。

女神节来临之际，祝全体女教师节日快乐！

◆同样一个词语，在不同场合有不同的含义。法国著名思想家、散文家蒙田曾说："就'度日'来说，天色不佳，令人不快的时候，我将'度日'看作是'消磨光阴'，而风和日丽的时候，这时我是在慢慢赏玩，领略美好。"所以，同样一个词语的含义不同，与人的心境有关；同样的日子人的体会和感受不同，也是由心境决定的。幸福与否，快乐与否，生活是什么颜色，工作是什么状态，关键在于一个人的心态、心境，关键在于一个人待人处世的方式和方法。

◆意大利作家德·亚米契斯的《爱的教育》明确告诉我们，当爱有度时，"爱的教育"才能发挥作用，过分的爱则会成为溺爱。《人民日报》曾发文指出："在教育孩子这条路上，老师和家长携手同行，彼此应该充分尊重与信任。"我们必须懂得：要培养孩子自立、自强、自尊、自信，让孩子明白生存之艰难，懂得学习和做人的道理。所以，对孩子应爱而有节、爱而有度，这也是我们共同的责任。为了孩子的未来，希望每位家长都能和老师携手共进，用爱和责任为孩子撑起一片蓝天！

◆我们每个人都要做到"六为"：

1.想为。始终保持良好的工作状态，每天都要想一想、问一问，我今天要干什么，我今天干了什么，明天我还要干什么。

2.甘为。发自内心的而不是外力强迫，从自己内心深处愿意主动努力、付出、拼搏。

3.善为。善于思考、善于总结、善于分析、善于发现，工作讲求方式方法。

4.敢为。敢作敢当，敢于亮剑，勇于担当，不畏惧，不退缩，敢于碰硬，勇往直前。

5.能为。多学习、多实践、多思考，勤读书、勤调查、勤谋划。

6.作为。撸起袖子加油干，雷厉风行，身体力行。

通过自身的想为、甘为、善为、敢为、能为，让自己有所作为，让自己的价值得到体现。

◆经过多次努力，总达不到标准，反复失败，你就会放弃，心理学上称之为"习得性无助"。在教学上，要让孩子尝到成功的喜悦，才能增加学习动力，才能进一步取得成功。

◆突破自己，超越自己，是一件非常难的事，需要有较高的心理素质和勇气。CCTV《开门大吉》这一节目开播以来，参与闯关的人很少坚持到最后一关，原因是大部分参与者都有见好就收的心理，不想让已经获得的奖金归零。真正坚持到最后一关的少之又少，这就是大部分人一生平庸、成功永远属于少数人的原因。所以，要想突破自己、超越自己，需要向前闯的信心和雄心，追求永不放弃，名利敢于放弃，才能抓住机遇，获得成功。

◆学会换位思考很重要。不要以为自己多么优秀，别人可能比你更优秀；不要以为自己多么努力，比你更努力的人比比皆是；也不要以为自己多么委屈，世界上本身就不存在绝对的公平。沟通大师吉拉德说："当你认为别人的感受和你自己一样重要时，才会出现融洽的气氛。"所以，要学会站在他人的角度看问题，不要只顾自己情绪的发泄，而不顾他人的感受；也不要把自己的想法强加给别人，这也是"己所不欲，勿施于人"的道理。

◆感情是处出来的，友谊是交出来的，要加深感情和友谊就需要经常相处、经常交流。真正的朋友推心置腹，无话不谈。美国心理学家扎荣茨的"多看效应"（又称"曝光效应"）就揭示了这样的道理：彼此接近、经常交流是建立良好关系的必要条件。再亲密无间的朋友，一旦长期分离，尽管依然通过电话保持着联系，但数年后，彼此之间的感情也会生疏很多。

◆柳宗元和韩愈的交情不一般，友谊深厚，但在政见上一有分歧，便针锋相对，毫不留情。这种正直、刚阿的友情让人无不为之感动。他们彼此仰慕对方，但他们交往必须说真话，必须说警醒对方的话，必须说心里话，从而相互砥砺、相互切磋、相互提高。可以肯定地说：只要他们坚持真理、坚持原则、坚持自己的理想，他们就会是永远的朋友。

◆"知彼知己，百战不殆。"但事实上世人往往不了解自己的能力有多大。年轻时容易高估自己的能力，逞强好胜，锋芒毕露，看不到自己的缺点，自以为是；长大了成熟后，走的路多了，经历的事多了，才明白以前自己是多么的幼稚、多么的无知。得失看淡了，凡事看透了，这时可以说是"知彼知己"了，却不会再战了，与世无争，境界使然。

后记

　　《爱如潮水》一书即将付梓，我内心感动而又欣慰。这本书凝结了我工作30余年的所思、所想、所悟，选摘的主要是2010年以来的文章，其中，有对教育的探索，有读书时的感悟，有对生活的思考，有真情的流露。文字力求不造作、不拘泥，但求朴实无华。

　　教育是需要情感的。没有情感的教育是贫瘠的、苍白的、无味的。

　　世间万物，水的情感最丰富、最纯真、最无私。水是生命之源，它包容万物，从不苛求什么，只求付出，不求回报；它养育生命，让地球成为一颗美丽的蓝色星球；它刚柔并济，柔软无形却又可以水滴石穿；它豪情万丈，飞流直下，一泻千里；它和而不同，可方可圆，与大自然和谐共生；它坚韧不拔，勇往直前，永不停息。

　　正是水的这种精神感动了我，鼓舞了我。

这正是本书以"水"命名的原因。书中的前四部分命名为"行如流水""心若止水""书中清水""爱如潮水"，最后一部分源自学校开展的一项活动"美天心语"，是我每天写给老师的一句话，目的是引领阅读，让老师爱上写作、提高境界，我把它命名为"思若泉水"。书中的第一部分"行如流水"，主要是介绍有关教育管理、课堂教学的实践和探索，以及外出学习的经验总结和运用，力求实实在在，不夸张，不虚浮，唯愿给读者一个真实的基层教育工作者的行动足迹。第二部分"心若止水"，主要是对生活现象的分析和思考，对人生的感慨和追求，目的是和读者一起探索人生，一起做最好的自己。第三部分"书中清水"，主要写的是十多年来的读书感悟，涉及历史、文化、教育、生活等方方面面，目的是和读者分享读书的成果和快乐。第四部分"爱如潮水"，主要是情感的释放、心灵的碰撞，主要以诗歌的形式来表达，不求华丽，但求简洁朴实，自然流露，追求心境、意境，希望和读者有心与心的交流，爱与爱的碰撞，情感交融，心心交融。

本书从酝酿、策划、编写直至完稿，历经近三年的时间，其间离不开同事、好友的支持。现任北京实验学校魅力教育集团副校长、常驻顺义学校副校长的李银乐校长，读了此稿，给予热情的指导和帮助，并欣然作序。山东省潍坊市寿光市侯镇中心小学赵林校长对此书也给予很大关注和支持。莘县莘亭中心小学的张彩杰老师和济南出版社的韩宝娟老师、郑红丽老师，对此书的出版也付出很多，百忙之中，帮着校改，在此一并致以由衷的谢意！

书中的内容仅代表我个人的意见和观点，如有不当之处，望给以批评和指正。

王瑞忠

2023 年 7 月 6 日